Mieke Schymura
Selbstbewusst zum Vorsprechen

Mieke Schymura

Selbstbewusst zum Vorsprechen

Dein Coach für die Aufnahmeprüfung an Schauspielschulen und den Weg in den Schauspielberuf

HENSCHEL

Bibliografische Information der Deutschen Nationalbibliothek
Die Deutsche Bibliothek verzeichnet diese Publikation in der Deutschen Nationalbibliografie; detaillierte bibliografische Daten sind im Internet über http://dnb.dnb.de abrufbar.

ISBN 978-3-89487-836-8

Covergestaltung: Ingo Scheffler, Berlin
Titelbild: Student:innen der Universität der Künste Berlin, von links nach rechts: Jonas Holupirek, Ludwig Michael, Nina Stehlin, Flin Deckert, Zazie Cayla, Philipp Lehfeldt, Nihan Kirmanoglu. © Daniel Nartschick, Berlin
Lektorat: Dr. Julia M. Nauhaus
Layout und Satz: Grafikstudio Scheffler, Berlin
Druck und Bindung: Multiprint Ltd.
Printed in the EU

www.henschel-verlag.de

Inhalt

Prolog – warum ich dieses Buch geschrieben habe 8

1. Berufswahl und Ausbildungswege 12

Woran erkenne ich, ob dieser Beruf der richtige für mich ist und: Warum Talent nicht der entscheidende Faktor ist 12
Was ist überhaupt schauspielerisches Talent? 12
Wie findest du heraus, ob du diesen Beruf wirklich willst? 13
Was dich in den Aufnahmeprüfungen erwartet 14
Staatliche Schauspielschulen 16
Privatschulen 17
Studieren im Ausland? 19
Die Berufsrealität – das Theaterleben ist kein Ponyhof 20

2. Vorbereitung fürs Vorsprechen 24

Warum eine Aufnahmeprüfung keine Prüfung ist 24
Woran du gute Schauspiellehrer:innen erkennst 28
Lehrer-Hopping ist auch keine Lösung 31
Schauspieltechnik – was nicht nützlich ist, kann weg! 32
Schauspielerei ist nicht kompliziert – aber manchmal schwer 34

3. Die Auswahl der Szenen fürs Vorsprechen 37

Wie du eine gute Szene findest 37
In der Kürze liegt die Würze 39
Welche Art Szene eignet sich? 39

4. Kopfarbeit – Szenenanalyse 42

Die Arbeit »am Tisch« 42
Die Beziehung der Figuren zueinander 43
Muss ich die andere Figur sehen? 43
Das Bedürfnis der Figur 44
Der Ort – Atmosphäre, Requisiten und Bühnenbild 45
Wer ist die Figur? 47
Kann ich ein Kostüm benutzen? 49
Wie ist die Körperlichkeit der Figur? 49
Spielst du dich selbst oder die Figur? 50
Die Mechanik der Szene freilegen 52

5. Proben – die Form finden 56
Warum Fehler und Unsicherheiten dazugehören 56
Der Probenraum 57
Den Startpunkt finden. 59
Wo ist dein Gegenüber? 60
Proben heißt Handlungen finden 63
Handlungen statt Zustände 64
Was ist Realismus oder – was ist erlaubt? 65
Wie genau soll ich festlegen? 68
Aber was ist mit den Gefühlen? 70
Abschweifung – Spiegelneuronen 71
Improvisation und Partnerarbeit 73
Gut singen ist schön, aber nicht notwendig 74
Gedichte 76
Selbsterfundene Szenen – was heißt das überhaupt? . . . 77
Was tun bei Online-Vorsprechen? In die Tiefe spielen! . . . 78

6. Einige grundsätzliche Hinweise 82
Warum Gefühle völlig überschätzt sind 82
Abschweifung – das Gehirn und die Emotion 85
Energie und Durchlässigkeit 89
Impulse – was ist das eigentlich? 92
Von innen nach außen oder umgekehrt? 95
Vom Wert des Nicht-Wissens – warum das Aushalten unbeantworteter Fragen dazugehört 96

7. Wenn dir etwas im Weg steht 98
Perfektionismus 98
Dem eigenen künstlerischen Instinkt vertrauen lernen . . . 101
Die Angst, Regieanweisungen misszuverstehen 103
Vom Umgang mit Lampenfieber und Aufregung 104
Wenn die Angst tiefer geht – Theater und Therapie 107
Selbstwert – »Bin ich interessant genug?« 108
»Ich bin nicht extrovertiert genug!« 109
Du bist interessanter, wenn du dich *nicht* auf dich selbst konzentrierst! 111
Wenn in der Prüfung mit dir gearbeitet wird 113
Wenn sie dich abbrechen 114
Männer- und Frauenbilder – wenn Gender-Klischees dich irritieren 115

Trans sein und die Vorsprechzeit 117
»Deutsch als Fremdsprache« 119
Ein Wort zu übergriffigem Verhalten 120
Wenn du die Spielfreude verlierst 122

8. Der Weg vor die Kamera 124
Ausbildung für Film und Fernsehen 124
Was du schon in der Prüfungszeit tun kannst 125
Warum es sinnvoll ist, frühzeitig anzufangen 127
Fotos – warum sie so wichtig sind 129
Wie du ein Showreel aufbaust 131
Wie du dich bei den Caster:innen vorstellst 132
Was ist der Unterschied zwischen Caster:innen und Agenturen? 134
Die Welt der Kurz- und Studentenfilme 135

Epilog – und was, wenn es doch nicht klappt? 137
Wenn du die Lust am Vorsprechen verlierst 137
Alternative Film- und Theaterberufe 138
Was nimmst du mit? Schauspielerfahrung und das normale Leben 139
Theater als Hobby?. 140

Abschied 141

Anhang 142
Improvisationsübung 142
Beispiele für mögliche Vorsprechszenen 143
Hilfreiche Bücher für die Vorsprechzeit 144
Filmische Einblicke in den Ablauf der Aufnahmeprüfungen . 148
Hilfreiche Internetadressen 148
Danke! Danke! Danke! 151
Über die Autorin 152

Prolog – warum ich dieses Buch geschrieben habe

Du möchtest Schauspieler oder Schauspielerin werden? Du bereitest dich schon auf Aufnahmeprüfungen an Schauspielschulen vor? Oder denkst noch darüber nach, ob das etwas für dich sein könnte?

Schön, dass du da bist!

Bevor ich dich Schritt für Schritt durch die Vorbereitung auf die Aufnahmeprüfungen begleite, möchte ich dir von meinen Erfahrungen erzählen. Ich bin selbst Schauspielerin. Von 2000 bis 2004 habe ich an der Universität der Künste (UdK) in Berlin Schauspiel studiert und unterrichte seit fünfzehn Jahren junge Menschen, die Schauspieler:innen werden wollen. Eine ganze Reihe von Aufnahmeprüfungen lag hinter mir, bevor es an der UdK geklappt hat. Die Frage, wie Vorsprechen funktionieren, hat mich seitdem besonders interessiert. Damals habe ich mich zuerst allein vorbereitet, danach mit einer Schauspielerin an meinen Szenen gearbeitet. Anschließend habe ich wieder allein geprobt und immer mal wieder jemandem meine Szenen gezeigt: Freundinnen, die auch Prüfungen gemacht haben, und Schauspieler:innen, die ich kannte. Viele Rückmeldungen waren hilfreich, aber ein bestimmtes Problem habe ich nicht in den Griff bekommen: Die Szenen funktionierten nicht jedes Mal gleich gut. So bin ich zwar manchmal in eine sogenannte zweite Runde gekommen, konnte aber nicht noch einmal genauso gut spielen wie in der ersten. An anderen Tagen bin ich gleich in der ersten Runde rausgeflogen. Ich war unsicher mit meinen Szenen und wusste nicht, wie ich das ändern sollte.

Nach einer Weile habe ich endlich eine Schauspiellehrerin gefunden, die mir wirklich helfen konnte. Sie hat mich auf einige unsinnige Verhaltensweisen beim Spielen aufmerksam gemacht, so dass ich sie verändern konnte. Mit ihrer Hilfe beim Erarbeiten der Szenen habe ich mich während des Vorsprechens sicherer und zufriedener gefühlt. Danach bin ich meist in die Endrunden gekommen. Ich wusste, dass meine Szenen funktionieren und ich mich auf sie verlassen kann. Und wenn ich doch nicht in eine zweite Runde kam, war das weniger schlimm als vorher, denn ich war mir sicher, dass ich alles gegeben hatte. Meinem Empfinden nach hatte ich bei diesen Prüfungen nichts anders gemacht und nicht schlechter gespielt. Ich konnte es also als Geschmacksfrage abhaken, ohne an mir zu zweifeln und alles in Frage zu stellen.

Es hat noch sechs Endrunden gebraucht, bis ich an der UdK angenommen wurde. Zum Teil war das vermutlich einem Kennenlernen der Endrundensituation geschuldet. Man hat einfach zu wenig Erfahrung am Anfang! Ein wesentlicher Teil ist aber auch, ob es mit den Dozent:innen und der Schule passt. Daran kann man wenig ändern, man muss eben die richtigen Menschen finden. Nicht jede werdende Schauspielerin passt zu jeder Schule, nicht jeder Student harmoniert mit den Dozent:innen jeder Hochschule und umgekehrt.

Meine eigene Studienzeit hat meinen Blick geschärft für das, was ich gerade hinter mir hatte: die Prüfung. An der UdK begleiten die Studierenden aus dem ersten Jahrgang die Prüflinge bei der Aufnahmeprüfung im folgenden Jahr. Es hat mich sehr interessiert, die Vorsprechen aus dieser Perspektive zu sehen. Mir fiel besonders auf, wie oft Prüflinge, die in den Aufwärmtrainings, die wir angeboten haben, wirklich toll und kreativ waren, auf der Bühne vor den Dozent:innen nicht zeigen konnten, was in ihnen steckt.

Im dritten Studienjahr saßen wir selbst mit in der Prüfungskommission. Wir durften unsere Meinung äußern und erleben, wie so ein Vorsprechen aussieht, wenn man auf der anderen Seite sitzt. Das hat mein Verständnis der Aufnahmeprüfungssituation sehr verändert und bereichert.

Auch als ausgebildete Schauspielerin gehören Vorsprechen und Castings immer wieder zu meinem Arbeitsalltag. All diese Erfahrungen bringe ich in den Unterricht mit.

In den Jahren des Unterrichtens habe ich erlebt, dass manche Fragen und Probleme bei vielen Vorsprechenden vorkommen. Es sind immer wieder ähnliche Missverständnisse, Gedanken und Ängste, die unbewusst die Kreativität blockieren.

Mit diesem Buch möchte ich diese sich wiederholenden Themen aufgreifen und meine Ideen und Lösungen anbieten. Vieles, das ich hier aufschreibe, habe ich schon oft im Unterricht erklärt und ausprobiert. Es sind also keine reinen Theorien, sondern praktische Ansätze, die vor allem funktionieren und helfen sollen, besser vorbereitet in Aufnahmeprüfungen und Vorsprechen zu gehen.

Was erwartet dich in diesem Buch? Im 1. Kapitel beschäftigen wir uns mit allem, was du wissen musst, wenn du dich für diesen Weg entscheiden willst. Woran erkennst du, ob es der richtige Beruf für dich ist und was erwartet dich in den Aufnahmeprüfungen? Im 2. Kapitel erkläre ich dir, wie du dich auf die Vorsprechen vorbereiten kannst und welche verbreiteten Missverständnisse deine Arbeit erschweren können. Im 3. Kapitel gebe ich dir Tipps, wie du gute Texte für deine Vorsprechszenen findest. Danach steigen wir im 4. und 5. Kapitel in die konkrete Arbeit ein: die Analyse der Szenen »am Tisch« mit den verschiedensten Fragen zu deiner Figur und die Probenarbeit auf der Bühne mit Tipps für den Umgang mit dem Raum, die Entwicklung der Beziehungen zwischen den Figuren und das Finden von starken Handlungen für die Szene. Außerdem spreche ich über Unsicherheiten und die Angst, Fehler zu machen, über Realismus und die Frage nach den Gefühlen in der schauspielerischen Arbeit. Ich komme hier auch auf die Arbeit an Gedichten, Liedern, selbstentwickelten Szenen und Improvisationen sowie über den Umgang mit Online-Vorsprechen. Im 6. Kapitel erkläre ich dir ein paar grundlegende Dinge, die für deine schauspielerische Arbeit hilfreich sein können. Und im 7. Kapitel gehe ich auf verschiedene Probleme ein, die dir beim Spielen im Weg stehen können und biete dir Möglichkeiten an, um sie zu lösen. Im 8. Kapitel geht es um den Weg vor die Kamera und warum es sinnvoll sein kann, schon während der Prüfungszeit mit der Zusammenstellung von Material wie Fotos oder »Showreels« und der Kontaktpflege in der Branche anzufangen. Im Epilog spreche ich darüber, wie du damit umgehen kannst, wenn es letztendlich mit dem Studium doch nicht klappen sollte und welche anderen Wege sich für dich anbieten könnten. Im Anhang findest du eine Improvisationsübung, die ich mit meinen Schüler:innen gern mache, eine Auswahl an möglichen Vorsprechszenen, damit du dir einen Eindruck von geeigneten Szenen machen kannst, und viele hilfreiche Bücher und Internetadressen.

Du kannst dieses Buch von vorn bis hinten durchlesen oder es als Nachschlagewerk benutzen. Dann liest du zuerst die Themen, die dich gerade am meisten beschäftigen und kannst danach schauen, was dich noch interessiert. Während deiner »Vorsprechreise« werden immer wieder andere Themen in den Vordergrund rücken, denn du entwickelst dich weiter. Wenn du dich allein vorbereitest, möchte ich dir auf diesem Weg alles mitgeben, was ich über Aufnahmeprüfungen weiß. Wenn du erst darüber nachdenkst, dich für ein Schauspielstudium zu bewerben, kann ich dir vielleicht helfen herauszufinden, ob der Beruf zu dir passt und dich darauf vorbereiten, was dich bei den Aufnahmeprüfungen erwartet. Und wenn du schon mit jemandem probst, der dich gut unterstützt, kann ich dir vielleicht das eine oder andere erklären, wofür im Unterricht keine Zeit bleibt oder wozu ihr noch nicht gekommen seid. Wenn du schon im Schauspielstudium bist oder im Beruf stehst, wirst du vielleicht einige Stellen überspringen, weil sie dir bereits selbstverständlich sind. Manches kann aber auch dir weiterhelfen, wenn du dich mit Vorsprechszenen beschäftigst.

Bei allem, was ich hier schreibe, gilt: Nimm nur das, was du brauchst! Probiere aus, was dich interessiert! Und schmeiß weg, was dir nicht hilft! Denn nicht jede arbeitet gleich, nicht jeder hat dieselben Probleme, kein Weg ist genau wie der Weg eines anderen Menschen.

Vermutlich gibt es zu all meinen Aussagen auch gegenteilige Überzeugungen. Und das ist völlig in Ordnung. Die Ideen, Gedanken, Tipps und die Antworten, die ich hier gebe, sind *meine* Schlussfolgerungen, *meine* Erfahrungen. Es sind die Dinge, die für mich funktionieren und ich habe beim Unterrichten erlebt, dass sie auch anderen helfen können. Deshalb teile ich sie hier. Ohne Anspruch auf »den einen richtigen Weg«. Meiner Meinung nach kann es den einen Weg, der für alle »richtig« ist, in der Kunst sowieso nicht geben.

Mich hat immer interessiert, die Grundlagen der Schauspielerei zu erkunden. Zu untersuchen, was absolut wesentlich für die schauspielerische Arbeit ist. Das heißt, viele meiner Gedanken sind unabhängig von Techniken, Methoden und Stilfragen. Du kannst sie anwenden, ganz egal, mit welchen Vorerfahrungen du beginnst.

Es gibt hier keinen Fahrplan mit Stationen, die du abarbeiten musst. Das Buch ist eher wie eine Landkarte, die dir in einem unübersichtlichen Gebiet Orientierung geben kann. Ich will dir helfen, *deinen* Weg zu finden.

Wie Yoshi Oida in seinem Buch *Der unsichtbare Schauspieler* schreibt:

> »Dein Lehrer ist den Weg vor dir gegangen, und du siehst seine Spuren im Sand. Aus ihnen gewinnst du vielleicht einen Hinweis, wohin du als nächstes gehen wirst. Doch diese ›Spuren‹ sind die Vergangenheit eines anderen, sie sind nicht deine Zukunft.«[1]

Also: Sei kritisch. Vertrau dir selbst. Probiere aus, sei offen für neue Ideen, aber überprüfe, ob sie für dich hilfreich sind oder nicht! Such deinen eigenen Weg!

---

1 Yoshi Oida mit Lorna Marshall: *Der unsichtbare Schauspieler*, Berlin: Alexander Verlag, 2001 (zweite, korrigierte Aufl.), S. 187.

1. Berufswahl und Ausbildungswege

Woran erkenne ich, ob dieser Beruf der richtige für mich ist und: Warum Talent nicht der entscheidende Faktor ist

Am Anfang stehen oft die Fragen »Ist das der richtige Beruf für mich?« und »Habe ich genug Talent, um Schauspieler:in zu werden?«.

Auch im Unterricht werde ich das immer wieder gefragt, aber selbst wenn ich dich spielen sehen könnte, kann ich dir darauf keine Antwort geben. Du wirst für dich selbst herausfinden müssen, ob der Beruf zu dir passt. Eins kann ich dir aber sagen: »Habe ich genug Talent?« ist nicht die entscheidende Frage.

Als ich mit 14 Jahren bei meinem Schulpraktikum am Theater den Schauspieler:innen erzählt habe, dass ich Schauspielerin werden will, haben alle gesagt: »Mach lieber etwas anderes!«

Und ich gebe ihnen recht: Wenn du dir etwas anderes vorstellen kannst, entscheide dich lieber dafür. Für mich war es der richtige Weg und ich bin sehr froh, dass ich ihn gegangen bin, aber der Beruf ist hart und fordernd und wird dich nur erfüllen, wenn dein Wunsch und dein Wille stark genug sind.

Außerdem sagte einer der Schauspieler: »Schauspiel ist 10 Prozent Talent und 90 Prozent Arbeit.« Auch damit hatte er recht. Talent reicht bei Weitem nicht aus. »Kunst ist schön, macht aber viel Arbeit«, wie Karl Valentin es treffend auf den Punkt bringt.

Was ist überhaupt schauspielerisches Talent?

Schauspielerisches Talent besteht aus mehreren Dingen: Der erste Aspekt ist deine Fantasie. Hast du Ideen, Bilder, Bewegungsimpulse, wenn du einen Text liest oder dich mit einem Thema beschäftigst? Regt Literatur deine Fantasie an? Der zweite Aspekt sind deine körperliche Präsenz und deine »Durchlässigkeit«. Der Fachbegriff Durchlässigkeit meint folgendes: Wenn du dir etwas vorstellst, beispielsweise einen Spaziergang am Meer, deine Füße umspült von den Wellen, verändern sich deine Körperlichkeit, deine Bewegungen? Wenn du dir eine Konfrontation mit einer Freundin vorstellst oder ein Wiedersehen mit einem alten Freund, wenn du einen Text liest, der eine emotionale Situation beschreibt, verändern sich dann deine Körperspannung, deine Atmung, deine Haltung? Der dritte Aspekt ist Kommunikation. Schauspiel ist im Kern immer Kommunikation und kommunizieren kann eigentlich jeder Mensch. Diese Fähigkeit ist uns angeboren. Das ist unsere Biologie, wir sind eine soziale Spezies. Wie frei und offen wir dabei sind, ist unterschiedlich, aber wir alle können kommunizieren. Das heißt, jeder Mensch hat ein gewisses schauspielerisches Talent. Wir arbeiten mit den Grundlagen des Menschseins. Es ist nicht so, dass wir die verschiedenen Aspekte schauspielerischen Talents haben oder nicht haben. Jede:r kann sie ausbauen und entwickeln. Um Schauspieler:in zu werden, solltest du an diesen Dingen arbeiten, denn wenige Anfänger:innen haben Fantasie, Präsenz, Durchlässigkeit und Kommunikationsfähigkeit in dem Maße zur Verfügung, dass sie ausreichen, um sofort an einer Schauspielschule angenommen zu werden.

Deshalb ist die entscheidende Frage nicht: »Habe ich genug Talent?«, sondern: »Will ich diesen Beruf so sehr, dass ich so lange an meinen Fähigkeiten arbeiten werde, bis ich alle Teile meines Talents ausreichend entwickelt habe?« Die Frage ist also: »Will ich es genug?« Das meint keinen abstrakten Willen, keine Charakterstärke, sondern ganz konkret: »Geben mir das Spielen und der Beruf so viel, dass ich bereit bin, so hart und lange an mir zu arbeiten, bis es klappt?«

Wenn die schauspielerische Arbeit dich mehr kostet, als sie dir gibt, wirst du auf Dauer vermutlich nicht durchhalten. Dann ist der Beruf nicht der richtige für dich und du wirst anderswo glücklicher werden.

Wie viel du arbeiten musst, hängt natürlich auch davon ab, wo du beginnst. Wer körperlich sehr frei ist, wer seine Fantasie immer schon benutzen und entwickeln durfte, wer authentisch kommunizieren konnte, hat vielleicht einen Startvorteil und braucht am Anfang möglicherweise weniger Anstrengung, um Erfolg beim Vorsprechen zu haben. Manchmal können schwierige Startbedingungen aber auch für große Intensität der Darstellung sorgen. Doch auf dem Weg in und durch den Beruf kommen zwangsläufig Durststrecken, die du nur durchhalten kannst, wenn du es wirklich willst.

Wie findest du heraus, ob du diesen Beruf wirklich willst?

Ein möglicher Weg ist, »die Aufnahmeprüfungstour« zu machen: Das bedeutet, deine Vorsprechszenen zu proben und vorzuspielen, mit Prüfungsangst und Aufregung umzugehen, vorzusprechen, abgelehnt zu werden, Kritik zu bekommen und trotzdem weiterzumachen, wieder abgelehnt zu werden und dennoch nicht aufzugeben. Wenn du dabei merkst, dass es nicht das Richtige für dich ist, dass du es nicht mehr willst, dann weißt du, woran du bist. Eine andere Möglichkeit, vor allem, wenn du noch Zeit hast, bevor du mit den Prüfungen beginnst, ist, so viel wie möglich zu spielen – in Theatergruppen, Jugendclubs oder in selbstgedrehten Kurzfilmen. Am Theater ein Praktikum zu machen oder eine Hospitanz bei einer Filmproduktion, um zu erleben, wie das Schauspielerleben tatsächlich aussieht und ob es das ist, was du dir erträumst, kann hilfreich sein.

Ich glaube, du kannst nur im Tun herausfinden, ob dieser Weg der richtige für dich ist. Denn nur im Tun wirst du konkret spüren, ob du von der Arbeit das bekommst, was du dir wünschst.

Im Unterricht habe ich immer wieder erlebt, dass sich Schüler:innen, bei denen ich am Anfang nur wenig Talent erkennen konnte, unheimlich weiterentwickelt haben und am Ende an einer staatlichen Schauspielschule angenommen wurden. Andere, die anfangs viel weiter waren und bei denen sofort sichtbar war, dass sie die Prüfungen bestehen könnten, haben es sich nach einer Reihe von Ablehnungen anders überlegt und diesen Weg aufgegeben, um etwas anderes zu machen. Als sie erlebt haben, wie dieser Beruf sich in der Realität anfühlt, wurde ihnen klar, dass dies nicht ihr Weg ist. Auch das ist für mich ein Erfolg, denn jede:r, der oder die diesen Berufstraum informiert und klar aufgibt, kann sich mit voller Überzeugung und ohne Reue auf etwas anderes einlassen.

Die Frage, die du dir im Moment stellen solltest, ist also: »Will ich es ausprobieren?« Und im Verlauf der Zeit kannst du dich immer wieder fragen: »Ist es immer noch das, was ich will?« Wenn die Antwort auf diese Frage ja ist, mach weiter mit deiner Arbeit. Und wenn die Antwort irgendwann nein ist, sieh es nicht als Versagen oder Aufgeben, sondern als einen Moment der Klarheit, eine Entscheidung gegen einen Lebensweg, der doch nicht zu dir passt und für einen anderen, der besser für dich ist.

Was dich in den Aufnahmeprüfungen erwartet

Um ihre zukünftigen Studierenden zu finden, führen die staatlichen Schauspielhochschulen jedes Jahr Vorsprechen durch. Diese Vorsprechen unterscheiden sich von Schule zu Schule.

Gemeinsam ist allen Aufnahmeprüfungen, dass du Monologe vorbereiten sollst, die du den Dozent:innen vorspielen kannst. Mindestens ein klassischer und ein moderner Text werden gefordert. Einige Schulen geben zusätzlich Aufgaben wie das Entwickeln einer eigenen Szene oder eine Partnerszene vor. Manche bitten darum, ein Lied und/oder Gedicht vorzubereiten.

Es gibt bei den Aufnahmeprüfungen mehrere »Runden«. Wenn du die erste Runde bestanden hast, kommen die nächsten Runden auf dich zu. Meist gibt es eine zweite und dritte Runde, manchmal auch mehr. Was dich in der zweiten und dritten Runde erwartet, unterscheidet sich von Schule zu Schule.

In der ersten Runde wirst du deine Monologe vor einer Kommission aus Lehrenden der Hochschule vorspielen. Manchmal sind das nur zwei Dozent:innen, manchmal das gesamte Kollegium. In einigen Schulen schauen sich die Prüflinge gegenseitig beim Spielen zu, in anderen geht jede:r nacheinander in die Prüfung.

An der UdK gibt es ein Aufwärmtraining, das Studierende des ersten Jahrgangs anbieten. In der ersten Runde sprichst du vor zwei Dozent:innen und einem Studierenden des dritten Jahrgangs vor. Du spielst einzeln vor der Prüfungskommission. Die erste Rolle darfst du selbst bestimmen, die weitere Reihenfolge suchen die Prüfer:innen aus. Oft schauen auch Studierende des ersten Jahrgangs zu. Die zweite Runde ist ebenfalls ein Vorspielen der Monologe, nun aber vor dem gesamten Kollegium. Auch wird häufiger mit den Prüflingen an den Szenen gearbeitet. Es kann sein, dass du gebeten wirst, eine Szene noch einmal auf andere Weise oder mit einem Gegenüber zu spielen. Die Endrunde besteht aus drei Tagen, an denen drei Gruppen von zehn Prüflingen eine Art Probeunterricht absolvieren. An jedem der Tage arbeiten einige Dozent:innen etwa vier Stunden lang an verschiedenen Bereichen. Ein Tag beschäftigt sich mit Körper und Stimme, ein Tag mit Theorie und Sprache, also mit dem Übers-Theater-Sprechen und mit der Textgestaltung und ein Tag mit dem Spielen, Improvisieren und der Arbeit an den Szenen.

Die Hochschule für Schauspielkunst Ernst Busch hat die kürzeste Prüfung. Die erste Runde findet vor zwei Dozent:innen statt und alle Prüflinge schauen sich gegenseitig zu. Jede:r spielt die erste, nach einer Pause die zweite Szene. Manchmal wird mit jemandem gearbeitet, manchmal noch das Lied angeschaut. Die zweite Runde, die gleichzeitig die Endrunde ist, beginnt mit einem Körpertraining aller Prüflinge, bei dem alle Dozent:innen zuschauen und das auch improvisatorische, darstellerische Elemente beinhaltet. Danach spielen alle ihre Rollen einzeln vor den Lehrenden. Häufig haben die Prüflinge eine zusätzliche Rolle und oft auch ein anderes Lied aufgegeben bekommen.

In Ludwigsburg war es in einem Jahr so, dass in der zweiten Runde alle Prüflinge gemeinsam auf der Bühne waren und jede:r seine Szenen gespielt hat, während sich die anderen ebenfalls auf der Bühne befanden. Eine sehr interessante Variante! Die Situation gleicht dann einem Theaterstück, das aus lauter Monologen besteht. So hat man außerdem immer Anspielpartner:innen auf der Bühne zur Verfügung.

Du kannst dich auch an Schulen in Österreich und der Schweiz bewerben sowie umgekehrt aus Österreich und der Schweiz in Deutschland. Am Max-Reinhardt-Seminar in Wien besteht die erste Runde aus dem Vorsprechen der ersten beiden Szenen vor dem gesamten Dozentenkollegium, die zweite aus dem Vorsprechen von zwei weiteren Szenen. Die Endrunde hat viele einzelne Teile, die ebenfalls eine Art Probeunterricht darstellen. Man geht dort teils einzeln, teils in kleinen Gruppen von Raum zu Raum und arbeitet mit verschiedenen Dozent:innen: Gesangsunterricht, Körpertraining, ein Gespräch, eine Probe an den Szenen, Improvisationsaufgaben mit Partner:innen.

Staatliche Schauspielschulen

In den Schauspielberuf gibt es verschiedene Wege. Welcher Weg für dich der richtige ist, hängt damit zusammen, wohin du genau willst. Wenn du an den deutschen Stadt- und Staatstheatern spielen möchtest, solltest du alles daransetzen, an einer der staatlichen Schauspielschulen zu studieren.

Sie sind unterschiedlich groß, haben verschiedene Schwerpunkte und Ausrichtungen, aber sie alle bilden junge Leute so aus, dass sie nach dem Studium in der Lage sind, an den Theatern mitzuhalten. Das ist vor allem eine handwerkliche Frage. Schauspielerei ist ein körperlich und stimmlich sehr anspruchsvoller Beruf – Hochleistungssport für Körper und Stimme. Dafür brauchst du eine intensive und professionelle Ausbildung, sonst wird es schwer, das Arbeitspensum auszuhalten. Wenn du eine leichte Erkältung hast und trotzdem eine Vorstellung spielst, musst du wissen, wie du laut genug sprechen kannst, ohne dabei heiser zu werden und deshalb vielleicht für mehrere

Wochen auszufallen. Um sicher zu gehen, dass die Schauspieler:innen das Pensum aushalten, engagieren die meisten größeren Theater nur Absolvent:innen der staatlichen Schulen. Mit »groß« meine ich hier tatsächlich die Raumgröße des Theatersaals, denn danach bemessen sich die Ansprüche an deine Stimme.

Es gibt eine Übersicht der staatlichen Schauspielschulen bei Wikipedia oder auf *Casting-Network*.[2] Schau dich genau auf den Seiten der einzelnen Schulen um: Was wird gefordert? Wann sind die Bewerbungsfristen und wann die Prüfungen? Welche Unterlagen brauchst du für die Bewerbung? Organisiere dich gut, schreib dir alle Termine auf! Die meisten Schulen prüfen nur einmal im Jahr und es ist ärgerlich, ein Jahr auf die nächste Chance warten zu müssen, weil du eine Bewerbungsfrist vergessen hast. Beachte dabei den Unterschied von »staatlichen« und »staatlich anerkannten« Schulen. »Staatlich anerkannt« bedeutet Privatschule.

Privatschulen

Es gibt eine ganze Reihe privater Schauspielschulen mit sehr, sehr unterschiedlicher Qualität. Grundsätzlich musst du wissen, dass Schauspieler:in kein geschützter Beruf ist. Jede:r kann sich so nennen, ob er oder sie nun eine Ausbildung hat und tatsächlich in dem Beruf arbeitet oder nicht. Und wer eine Zeit lang Schauspieler:in war, kann eine Schauspielschule eröffnen. Dafür gibt es nur wenige künstlerische Vorgaben. Ob eine Privatschule »staatlich anerkannt« wird, hängt mehr von der Menge des Unterrichts, der Größe der Räume und ähnlichem ab als von der Qualität der Ausbildung. Die ist für diejenigen, die darüber entscheiden, schwer zu beurteilen.

Ich kann zu den einzelnen Privatschulen wenig sagen, denn die meisten kenne ich nicht gut genug, um ihre Qualität einschätzen zu können. Es ist wesentlich einfacher, an einer privaten Schule angenommen zu werden, denn diese haben viel weniger Bewerber:innen. Aber du musst dich darauf einstellen, dass viele Theater dich später nicht einmal zum Vorsprechen einladen. Oftmals werden alle, die an einer Privatschule studiert haben, sofort aussortiert. Das hat zwei Gründe: Der wichtigste ist, dass die wenigsten privaten Schulen eine

2 Eine Liste von hilfreichen Internetadressen findest du im Anhang des Buches.

auch nur ansatzweise vergleichbare Stimmausbildung bieten können. Dafür braucht es viel Einzelunterricht – und damit wären sie wesentlich teurer. Wir hatten an der UdK in der Woche mindestens vier Einzelstunden bei verschiedenen Stimmdozent:innen, zusätzlich zu zwei bis vier Stunden in der Gruppe. An einigen Privatschulen gibt es eine Gruppenstunde Stimmunterricht und eine halbe Stunde Einzelunterricht in der Woche.

Der andere Grund ist, dass Privatschulen sehr unterschiedlich sind und auch die Qualität der Schüler:innen sehr verschieden sein kann. Da man genügend Bewerbungen hat, machen sich die Theaterleitungen oft gar nicht erst die Mühe, die Privatschulabsolvent:innen einzuladen.

Als ich in Stuttgart am Theater gearbeitet habe, standen auf dem Schreibtisch eines Dramaturgen drei Umzugskartons voller – schriftlicher – Bewerbungen. Heute, wo Bewerbungen per E-Mail üblich sind, sind es sicher wesentlich mehr. Ich habe ihn gefragt, was er damit macht und er sagte, er setzt seinen Praktikanten daran, alle auszusortieren, die von Privatschulen kommen oder nicht in dem Alter sind, für das sie in der nächsten Spielzeit Vakanzen haben. Er selbst schaut sich lediglich die übrig gebliebenen an.

Wenn du also trotzdem an einer Privatschule eine Schauspielausbildung machst und ans Theater willst, dann bewirb dich entweder an kleineren Häusern, die weniger Bewerbungen bekommen – und die oft auch keine so extreme Belastung für die Stimme mit sich bringen. Oder versuch, so viele persönliche Kontakte wie möglich herzustellen, während du noch in der Ausbildung bist. Bewirb dich direkt bei Theaterleuten, die du kennst, denn so hast du eine größere Chance, überhaupt vorsprechen zu dürfen und zu zeigen, was du kannst. Es kann auch für die Berufsrealität helfen, wenn du neben der privaten Ausbildung zusätzlichen Sprech- und Gesangsunterricht nimmst. Obwohl das natürlich auch eine finanzielle Frage ist. Ob es dir allerdings bei den Bewerbungen hilft, ist fraglich.

Seit einer Weile muss die ZAV, die Zentrale Künstlervermittlung des Arbeitsamts, alle Absolvent:innen der staatlich anerkannten Privatschulen aufnehmen. Früher gab es dafür eine Extra-Prüfung, bei der immer nur einzelne Absolvent:innen aufgenommen wurden. Die neue Regelung hat zwar den Vorteil, dass alle Studierenden an Privatschulen die Chance haben, über die ZAV von Vakanzen zu erfahren, aber es hat auch dazu geführt, dass viele Theater noch strenger sagen »Wir laden keine Privatschüler:innen zum Vorsprechen ein.«, weil sich sonst insgesamt mehr Leute bewerben und die Bearbeitung und das Vorsprechen wesentlich länger dauern würden. Für diejenigen Privatschüler:innen, die die ZAV-Prüfung bestanden hatten, war es also früher etwas einfacher, Vorsprechen an Theatern zu bekommen. Das heißt nicht, dass du an einer guten Privatschule nicht eine solide Ausbildung erhalten kannst.

Wenn du das Gefühl hast, dir läuft die Zeit davon, du bist Mitte oder Ende 20 und willst nicht länger warten, dann schau dich ruhig bei den Privatschulen um. Such dir eine möglichst gute aus und bewirb dich dort. Selbst wenn du dort eine Ausbildung beginnst, heißt das ja nicht, dass du keine Aufnahmeprüfungen anderswo mehr machen kannst. Oft klappt es bei vielen später an einer staatlichen Schule.

Stell dich aber darauf ein, dass es nach der Ausbildung besonders schwierig wird, in den Beruf zu finden, wenn du an einer Privatschule deinen Abschluss machst. Überleg dir, wie du damit umgehen willst. Wenn du diesen Weg gehst, verschließ nicht die Augen vor den Schwierigkeiten, sondern versuch, frühzeitig Lösungen zu finden, um sie auszugleichen.

Mit all diesen Aussagen meine ich nicht, dass es nicht hervorragende, begabte und extrem professionelle Schauspielerinnen gibt, die von Privatschulen kommen. Ich habe mit einigen wunderbaren Kollegen gearbeitet, die diesen Weg gegangen sind und die ich künstlerisch und persönlich sehr schätze. Doch sei dir bewusst, dass der Weg in die Ausbildung zwar wesentlich einfacher ist, der Weg in den Beruf hinterher aber viel schwerer sein kann.

Studieren im Ausland?

Du kannst dich ohne größere Probleme auch bei anderen europäischen Schauspielschulen beispielsweise in Großbritannien und Frankreich bewerben. Was du dabei allerdings nicht vergessen solltest: Schauspielerei, besonders im Theater, hat extrem viel mit Sprache zu tun. Wenn du deine Sprach- und Stimmausbildung in einer anderen Sprache machst, kann das hinterher eine Schwierigkeit darstellen, wenn du vor allem an deutschen Stadttheatern arbeiten willst. Auch kennen manche Theatermitarbeiter:innen die ausländischen Hochschulen gar nicht und ordnen sie vielleicht als Privatschulen ein. Und was deine Kontakte angeht, fängst du wieder bei null an, wenn du nach dem Studium zurückkehrst, da sich die Theaterwelt, aber teilweise auch die Film- und TV-Welt, nicht unbedingt überschneiden. Wenn dein Fokus jedoch sowieso auf internationalen Projekten liegt, ist es natürlich eine gute Möglichkeit und vielleicht sogar sinnvoller als ein Theaterstudium in Deutschland.

Wenn du dich in Frankreich bewirbst, solltest du wissen, dass dort normalerweise erwartet wird, dass man einen Spielpartner oder eine Spielpartnerin mitbringt und eine Partnerszene vorspricht. In England hingegen werden oftmals sehr kurze Textstellen vorgegeben und es wird weniger eine durchinszenierte Szene erwartet, sondern eher ein denkendes Sprechen der Texte. Wenn du überlegst, in den USA Schauspielunterricht zu nehmen, bedenke, dass die meisten Methoden, die dort unterrichtet werden, auf Filmschauspiel abzielen, nicht aufs Theater. Auch gibt es dort oft eine vollkommen andere Struktur der Schulen, die nicht unbedingt mit einem Studium vergleichbar ist.

Informiere dich vorher genau und gleiche die Angebote mit deinen Bedürfnissen und deinen Zukunftsplänen ab, um sinnvoll entscheiden zu können, was für dich in Frage kommt.

Die Berufsrealität – das Theaterleben ist kein Ponyhof

Bei aller Ermutigung, die ich dir auf deinem Weg mitgeben möchte, muss ich auch etwas zu den Schattenseiten des Berufs sagen. Ich möchte dir ans Herz legen, dir einen Eindruck von der Realität des Berufs zu verschaffen, bevor du dich ganz diesem Ziel verschreibst. Wenn du bisher nur in Schul- oder Hobbytheatergruppen gespielt oder mit deinen Freund:innen Filme gedreht hast – oder wenn dein Berufswunsch vor allem durch das Anschauen von Theater, Film und TV entstanden ist –, hast du vermutlich kein zutreffendes Bild vom tatsächlichen Berufsalltag.

Es kann helfen, eine Hospitanz am Theater oder ein Praktikum bei einer Filmproduktion zu machen, um einen Blick hinter die Kulissen zu bekommen. Beides sind normalerweise unbezahlte Arbeiten – und damit fängt der Einblick auch schon an.

Am Theater finden vormittags von 10 bis 14 Uhr und abends von 18 bis 22 Uhr Proben statt. Die meisten Theater proben samstags von 10 bis 14 Uhr und nur der Sonntag ist probenfrei. Häufig gibt es freitags, samstags und sonntags Vorstellungen, zusätzlich zu den Probenzeiten. Oft werden auch wochentags Vorstellungen gespielt. Wenn Vorstellungen stattfinden, in denen du spielst, wirst du in den Abendproben natürlich nicht dabei sein. Es ist viel Arbeit und sehr wenig Freizeit, denn in den vier Stunden zwischen den Proben musst du nicht nur Einkäufe erledigen, essen und dich für die Abendprobe ausruhen, sondern auch Text lernen und deine Arbeitsnotizen zu den Szenen machen, die am Vormittag geprobt wurden. Außerdem kommen noch Anproben für Kostüme und so weiter dazu.

Schauspieler:innen werden pro Monat bezahlt und Überstundenregelungen gibt es nicht. Die Anfängergage an staatlichen Theatern liegt bei 2000 Euro im Monat, von denen noch Steuern und so weiter abgezogen werden. Bei privaten Häusern und freien Theatern kann es wesentlich weniger sein. Oder auch mehr, aber das kommt seltener vor. Selbst mit der Berufserfahrung steigen die Gagen nicht besonders hoch, wobei es an großen Häusern oder bei sehr bekannten Kolleg:innen ein paar Ausnahmen gibt.

Ein anderer Punkt ist, dass Schauspieler:innen in dem heute noch fast überall vorherrschenden Theatersystem kaum etwas selbst entscheiden können. Welche Rolle in welchem Stück mit welchen Kolleg:innen und unter welcher Regie du spielst, wird von der Theaterleitung festgelegt. Vielleicht wird vorher mit dir darüber gesprochen, aber oft erfährst du dein nächstes Projekt per Aushang am Schwarzen Brett. Auch was du in deiner proben- und spielfreien Zeit machst, ist nicht ausschließlich deine Entscheidung. In den meisten Festverträgen an Theatern ist vorgegeben, dass die Schauspieler:innen, auch wenn sie frei haben, erreichbar und in der Stadt bleiben müssen. Denn falls ein Kollege oder eine Kollegin krank wird, muss jemand bereit sein, die Rolle spontan zu übernehmen, damit die Vorstellung nicht ausfallen muss. Das heißt, wenn du an einem freien Wochenende in eine andere Stadt fahren willst, musst du vorher einen Urlaubsantrag stellen.

Das Theatersystem ist immer noch sehr hierarchisch und patriarchalisch. Es gibt Initiativen, die das ändern wollen, zum Beispiel der Verein *ensemble-netzwerk,* eine Art Gewerkschaft für Theaterschauspieler:innen, dessen Arbeit schon einiges bewegt hat. Aber da ist auch für die kommenden Generationen von Theatermenschen noch viel zu tun. Schau dir die Arbeit des *ensemble-netzwerks* und aktuelle Artikel über Theater, die Rolle der Intendant:innen und Proteste an verschiedenen Theatern an, um dir ein Bild zu machen. Vielleicht kannst du Teil des Umbruchs sein, aber du solltest wissen, was dich erwarten kann. Selbstverständlich gibt es Theater, an denen sehr gut mit den Angestellten umgegangen wird, wo eine offene Gesprächskultur herrscht, vernünftige Gagen gezahlt werden und versucht wird, Überarbeitung zu vermeiden. Aber das ist vollkommen vom Leitungsteam und dessen Idealen abhängig und kann sich mit einem Wechsel jederzeit ändern.

Natürlich gibt es auch unzählige freie Projekte und Theater, bei denen es nicht so hierarchisch zugeht wie an den staatlichen Theatern. Oft ist hier ein gemeinschaftliches, partnerschaftliches Arbeiten leichter möglich. Allerdings sind die Gagen manchmal so niedrig, dass es schwer wird, von deinem Beruf zu leben. Vor allem, wenn du keine anderen Einnahmequellen hast und zwischen den Produktionen auch mal wochen- oder monatelange Pausen liegen. Wenn du zum freien Arbeiten tendierst, solltest du dir realistische Gedanken über das Geldverdienen auf verschiedenen Wegen machen.

Für Film- und Fernsehschauspieler:innen sieht die Sache anders und unübersichtlicher aus. Während einige Kolleg:innen mit Hauptrollen in großen Projekten viel Geld verdienen können, leben die meisten von Drehtag zu Drehtag. Auch wenn du mit zwei bis drei Drehtagen im Monat ähnlich viel verdienen kannst wie Kolleg:innen im Festengagement am Theater, nicht jede:r Schauspieler:in hat jeden Monat zwei oder drei Drehtage. Realistisch betrachtet arbeitest du mit deiner individuellen Vorbereitung, Textlernen, außerdem Leseproben, Kostüm- und Masken-Anproben, Anreisetagen und Nachsynchronterminen für einen Drehtag – alles unbezahlt – wesentlich mehr als einen Tag. Und es gibt teilweise lange Durststrecken, die du überbrücken musst.

Drehtage können sehr unterschiedlich lang und anstrengend sein. Manchmal bist du nur für vier Stunden am Set und hast nur eine Szene zu spielen. Wenn du gegen Mittag drehst, wirst du zu einer angenehmen Zeit abgeholt, kannst direkt in Maske und Kostüm gehen und hast nach einem Kaffee beim Catering in zwei Stunden deine Szene abgedreht. An anderen Tagen wirst du morgens um 5 Uhr abgeholt, damit du um 6 Uhr am Set und um 8 Uhr drehfertig bist, denn Kostüm und Maske sind aufwändig. Du drehst die erste Szene von 8 bis 11 Uhr, danach wartest du bis 18 Uhr, um deine zweite Szene zu drehen. Der Drehplan richtet sich nach technischen Anforderungen und Motiven, nicht nach den Schauspieler:innen. Oder du spielst in jeder Szene mit und musst zwischendurch ständig das Kostüm wechseln und kommst kaum zum Durchatmen bis zum Drehschluss um 22 Uhr. Ein anderes Mal hast du einen Nachtdreh, bist ab 2.30 Uhr auf Abruf, die Abholung verzögert sich aber bis 4 Uhr morgens und am Set musst du dich unheimlich beeilen mit Maske und Kostüm, nur um dann noch einmal zwei Stunden zu warten bis der Dreh beginnt. Vielleicht hast du drei weitere Szenen zu drehen, unter enormem Zeitdruck und mit übermüdeten Kolleg:innen. Oftmals sind auch Szenen, die nicht besonders anstrengend aussehen, durch die vielen Wiederholungen der immer gleichen Bewegungen körperlich sehr fordernd.

Bedenke diese Realitäten bei deiner Berufswahl und wenn du dir eine andere Arbeitssituation vorgestellt hast, überleg, ob du mit der Realität trotzdem glücklich werden kannst – oder ob du ein eigenes Projekt starten willst, wie beispielsweise die Kolleg:innen von *Traumschüff*, die ein eigenes Theater gegründet haben, das im Sommer über die Wasserstraßen im Berliner Umland fährt und Theater in die Dörfer und Gemeinden bringt.

2. Vorbereitung fürs Vorsprechen

Warum eine Aufnahmeprüfung keine Prüfung ist

Bevor ich auf Details eingehe, möchte ich ein grundsätzliches Missverständnis aufklären, das sich hartnäckig hält und große Auswirkungen darauf hat, wie du dich vorbereitest, worauf du achtest und mit welcher Einstellung du in die Prüfungen gehst.

Eine Aufnahmeprüfung an einer Schauspielschule ist keine Prüfung deines Talents.

Sie ist keine Fahrprüfung, bei der deine Eignung, ein Auto zu fahren, kontrolliert wird. Sondern sie ist im Kern ein Kennenlernen zwischen den Lehrenden einer Schule und den zukünftigen Studierenden. Selbstverständlich suchen die Dozent:innen nach Künstlerinnen und Künstlern, die Potenzial haben oder bei denen sie sich vorstellen können, sie später gern im Theater oder auf der Leinwand zu sehen. Vor allem aber suchen sie nach Student:innen, die sie in den nächsten vier Jahren täglich unterrichten möchten. Das Ergebnis jeder Aufnahmeprüfung ist deshalb subjektiv. In meiner Arbeit mit Schauspielschüler:innen habe ich an mir selbst erfahren, was mich motiviert, mit jemandem arbeiten zu wollen. Neben dem Potenzial spielen auch andere Faktoren eine Rolle:

Spüre ich bei jemandem ehrliches Interesse an der Arbeit mit mir?
Lässt sich jemand auf die Arbeit mit Freude ein oder spürt man vor allem Angst und Abwehr?
Gibt es ein gemeinsames Interesse an Themen und Theaterformen?
Hat jemand sichtbar Freude an der Arbeit und am Ausprobieren?
Gibt es gegenseitiges Vertrauen und Sympathie?
Möchte jemand am liebsten so schnell wie möglich wieder von der Bühne gehen?
Gibt mir jemand das Gefühl, ich wäre eine Gegnerin?
Hört mir jemand interessiert und aufmerksam zu, wenn ich etwas sage oder erkläre?
Inspirieren wir uns gegenseitig oder entsteht aus der gemeinsamen Arbeit eher eine Blockade?
Lässt sich jemand in Improvisationen auf die Impulse der anderen Spieler:innen ein?

Was Lehrende außerdem motivieren kann, ist das Gefühl: »Ich sehe ein Problem, eine Blockade, die jemanden behindert, sein volles künstlerisches Potenzial auszuschöpfen – und ich glaube zu wissen, dass ich ihm oder ihr helfen kann!« Wenn mir sofort etwas einfällt, woran ich mit der Person arbeiten kann, um ihn oder sie weiterzubringen, kann das eine große Motivation für einen Menschen mit Freude am Unterrichten sein.

Zurück zur Situation in der Aufnahmeprüfung: Es geht also nicht um Perfektion, nicht um ein Abhaken von Punkten und sicher nicht darum, keine Fehler zu machen! Anders als du es vielleicht noch aus der Schulzeit kennst, ist es keine Prüfung, bei der ein vorhandenes Wissen oder Können abgefragt wird. Es gibt keine »volle Punktzahl« für diejenigen, die »alles richtig« machen. Es gibt keine Abzüge für »Fehler«. Und es gibt auch keine objektiv richtige oder beste Leistung – wie immer in der Kunst. Insofern haben Aufnahmeprüfungen mehr gemein mit Vorsprechen am Theater als mit schulischen Prüfungen. Und deshalb solltest du, gerade wenn du frisch aus der Schule kommst, deine Einstellung hinterfragen. Wenn du versuchst, »bloß keinen Fehler zu machen« oder »genau das zu tun, was erwartet wird«, so kann das ziemlich kontraproduktiv sein.

Es ist keine schlechte Idee, wenn du dich selbst mehr aufs Kennenlernen, auf das Sich-aufeinander-Einlassen konzentrierst. Auf Offenheit, Spielfreude, Mut, Inspiration, aufs Ausprobieren. Nicht so sehr aufs Etwas-beweisen-Wollen, aufs Beeindrucken, auf Perfektion und Fehlerlosigkeit.

Auch der Umgang mit deinen Mitprüflingen kann einen Einfluss auf die Entscheidung haben, denn die Lehrenden wollen ja einen gut zusammenarbeitenden Jahrgang finden. Betrachte die anderen Prüflinge nicht als Konkurrent:innen, sondern als potenzielle Studienkolleginnen und Studienkollegen, als Partner:innen auf deinem Weg. Es gibt weitere Faktoren, die das Ergebnis der Aufnahmeprüfungen in hohem Maße beeinflussen: Der eine Punkt ist die ungleiche Verteilung von Studienplätzen auf Männer und Frauen. Daran ändert sich zwar langsam etwas, aber es ist immer noch eine Realität. Die staatlichen Schauspielschulen bilden in erster Linie für das deutsche Stadttheater aus. Das ist sozusagen ihr Auftrag im deutschen Theatersystem. Vor allem in den klassischen Theatertexten, leider auch in vielen modernen, gibt es wesentlich mehr Männer- als Frauenfiguren. Natürlich kann man auch Männerrollen mit Schauspielerinnen besetzen und umgekehrt, aber das ist die Ausnahme. Also engagieren die Theaterleitungen fast überall wesentlich mehr Männer als Frauen. Schau dir mal einige Internetseiten von Theatern an und zähle die Kolleginnen im Ensemble. Oder wirf einen Blick auf die Rollenaufzählung am Anfang von klassischen Theaterstücken. Beeindruckend klar siehst du es, wenn du am Ende eines Theaterabends die Kolleg:innen beim Applaus zählst.

Bei Film und Fernsehen sieht es leider immer noch ähnlich aus, obwohl es sich dort etwas schneller ändert als beim Theater. Mittlerweile bekomme ich manchmal Drehbücher, in denen es eine Notärztin, eine Polizistin und eine Feuerwehrfrau in derselben Szene gibt, aber das ist immer noch so ungewöhnlich, dass es mir beim Lesen auffällt.

Aufgrund dieser Situation bilden fast alle staatlichen Schauspielschulen mehr Männer als Frauen aus. Sie wollen sicherstellen, dass ihre Absolvent:innen nach dem Studium ein Engagement an einem Theater bekommen werden. Im Gegensatz dazu bewerben sich jedes Jahr viel mehr Frauen als Männer. Warum das der Fall ist, ist ein anderes Thema, das ich hier nicht vertiefen werde. Auch das verschiebt sich langsam, aber es sind immer noch eher 80 % Frauen, die sich auf maximal 40 % der Studienplätze bewerben. Das heißt konkret, dass Männer bei den Prüfungen häufiger in die zweite und dritte Runde kommen als Frauen, auch wenn diese vielleicht »besser« gespielt haben. Deshalb: Gerade ihr jungen Frauen, lasst euch nicht zu schnell frustrieren. Es ist rechnerisch ganz normal, dass ihr, auch wenn ihr gut spielt, nicht so oft weiterkommen werdet. Bei den Frauen wird schon in der ersten Runde oft sehr stark und auch sehr subjektiv aussortiert.

An der UdK versuchen die Lehrenden von den anfänglichen circa 1000 bis 2000 Bewerber:innen auf 60 bis 70 Leute in der zweiten Runde zu reduzieren, um dort ausreichend Zeit für alle zu haben. Von diesen kommen etwa 30 in die Endrunde, davon werden etwa 10 am Ende aufgenommen. Dabei wird versucht, in der zweiten und dritten Runde jeweils ungefähr die Hälfte Männer zu haben, was meist nicht klappt.

Der andere Punkt ist die begrenzte Anzahl an Studienplätzen. Es ist wichtig, sich klar zu machen, dass ein Schauspielstudium eher eine Art Begabtenförderung ist als eine normale Ausbildung. Durch die kleinen Gruppen und die Notwendigkeit von sehr viel Einzelunterricht ist es ein sehr arbeitsintensives und teures Studium. Als ich selbst mein Studium begann, erzählte uns einer der Professoren, dass ein Schauspielstudienplatz teurer ist als ein Medizinstudium. Deshalb werden nicht alle Leute ausgebildet, die Lust dazu haben, sondern nur so viele, wie jedes Jahr von den Theatern in Anfänger-Engagements gebraucht werden. Es bekommen also sehr viele, die durchaus das Zeug dazu haben, Schauspieler:innen zu werden, keinen Studienplatz. Du kannst es besser nachvollziehen, wenn du dir ein Schauspielstudium als eine Art Stipendium vorstellst.

Wenn du also nicht angenommen wirst, heißt das absolut nicht, dass dein Talent nicht ausreicht. Es ist eben auch eine Frage von Glück – und ganz stark eine Frage von Geduld und Durchhaltevermögen. Oder vielleicht auch von Leidensfähigkeit? Ich denke, du solltest schauen, ob der Berufswunsch so stark ist, dass du diese durchaus harte Prüfungszeit durchhältst. Ob es dir mehr gibt, als es dich emotional kostet. Da diese Erfahrung zwar während der Aufnahmeprüfungen besonders intensiv und heftig ist, aber in der Berufsrealität immer wieder ähnliche Situationen und Zeiten dazugehören, ist es hilfreich, wenn du dir jetzt schon darüber klar wirst, ob du das aushältst und damit leben kannst.

In den Jahren, in denen ich unterrichte und junge Menschen in der Zeit der Aufnahmeprüfungen begleite, gab es einige Schüler:innen, die ich absolut für begabt genug halte, Schauspieler:innen zu sein. Trotzdem haben sie keinen Studienplatz bekommen und machen jetzt etwas anderes. Meist gab es einen Punkt, an dem sie selbst entschieden haben, mit den Prüfungen aufzuhören und in eine andere Richtung zu gehen. Sie haben gemerkt, dass sie die Lust verlieren, dass der Beruf und alles was er mit sich bringt, doch anders ist als die Vorstellung, die sie davon hatten – oder dass sie sich einen anderen Beruf und Lebensweg auch gut vorstellen können.

Diejenigen, die sich das nicht vorstellen können, die nicht aufhören, weil es das Einzige ist, was sie tun wollen – oder tun müssen –, bei denen dauert es manchmal lange, aber meist klappt es am Ende doch. Auch wenn das durchaus mehrere Jahre und zahlreiche Vorsprechen dauern kann. Das soll keine moralische Bewertung derjenigen sein, die sich für einen anderen Weg entscheiden. Es ist nicht *besser* durchzuhalten. Jede:r, der oder die mit einem anderen Beruf glücklich werden kann, sollte sich lieber dafür entscheiden. Es kann trotzdem hilfreich sein, den Weg auszuprobieren und herauszufinden, ob es das ist, was du tun willst oder nicht. Es ist leichter, einen Traum loszulassen, wenn du seine Realität kennengelernt und mit vollem Einsatz ausprobiert hast. Wahrscheinlich lernst du unterwegs einiges, das dir an anderen Stellen hilft oder dich persönlich weiterbringt. Selbst wenn dich dein Lebensweg letztlich doch nicht zum Schauspielerberuf führen sollte.

Woran du gute Schauspiellehrer:innen erkennst

Die erste Frage ist: Brauchst du einen Schauspiellehrer oder eine Schauspiellehrerin, um dich auf die Aufnahmeprüfungen vorzubereiten oder nicht? Meine Antwort darauf ist: Ein guter Schauspielcoach ist besser als keiner – aber kein Schauspielcoach ist besser als ein schlechter!

Bei den staatlichen Schauspielschulen gibt es sehr viele Bewerber:innen auf sehr wenige Studienplätze. Das heißt, es werden viele schon in der ersten Runde aussortiert. In einer Aufnahmeprüfung spielt man meist mehrere kurze Szenen vor. Also muss man sehr schnell in die Szene hineinfinden und von einer zur nächsten umschalten können.

Vorsprechen funktionieren ganz anders als Theateraufführungen. Während die Atmosphäre im Theater am Vorstellungsabend oft hilfreich ist für das Spielen und die Konzentration, ist sie bei den Vorsprechen ungewohnt, manchmal unangenehm und verunsichernd – und macht deshalb das Spielen meist schwieriger als in den Proben. Dazu kommen Lampenfieber, Aufregung, vielleicht Angst und Prüfungsdruck. Eine schwierige Situation also, besonders für Anfänger:innen – und das sind wird ja am Anfang alle!

Es gibt sicher Menschen, die sich am besten allein vorbereiten. Aber die große Mehrheit der Schauspieler:innen, die ich kenne, hat für ihre Aufnahmeprüfungen in irgendeiner Weise Hilfe und Unterstützung gehabt. Du solltest allerdings darauf achten, ob dir ein Coach tatsächlich hilft oder nicht. Vertrau dabei deinem eigenen Gefühl: Was ist hilfreich für dich, um diese Szenen zu erarbeiten und dich gut vorbereitet zu fühlen? Wenn du aus den Proben kommst, fühlst du dich wohler und klarer als vorher? Oder fühlst du dich frustriert, verwirrt, bist vielleicht sogar verletzt oder wütend? Es ist wichtig, dass du deine Gefühle ernst nimmst!

Natürlich kann es in einer künstlerischen Zusammenarbeit auch zu Proben kommen, in denen man an etwas scheitert, sich missversteht oder uneinig ist. Aber wenn das eher die Regel als die Ausnahme ist, dann solltest du dich fragen, ob es wirklich der richtige Lehrer oder die richtige Lehrerin für dich, für diesen Moment, ist.

Wenn jemand beleidigend, aggressiv oder übergriffig ist, nichts wie weg! Lass dir nicht einreden, dass das im Theater »normal« wäre, dass du zu sensibel oder prüde wärst – oder dass du deinem Coach »einfach vertrauen« solltest und dass irgendwann alles Sinn ergeben wird, auch wenn du es jetzt nicht verstehst. Das ist alles Quatsch! Schauspielerische Arbeit braucht eine vertrauensvolle Atmosphäre, die von beiden Seiten ausgehen muss, besonders aber vom Lehrenden. Du wirst besser spielen können und weniger blockiert sein, wenn du dich sicher fühlst. Und das gilt ganz besonders, wenn du noch wenig Erfahrung hast.

Leider zieht der Beruf des Schauspiellehrers oder der Regisseurin immer wieder auch Menschen an, die sich am Machtgefühl berauschen. Es gibt nichts Leichteres als junge Schauspieler:innen zu verunsichern. Auch sind besonders Regisseur:innen und Lehrende, die sich ihrer selbst nicht sicher sind, anfällig für destruktives Verhalten. Such dir jemanden, der oder die loyal und offen ist, dir sagt, was er oder sie tut und warum. Wenn jemand auf Nachfragen aggressiv reagiert, ist das ein schlechtes Zeichen. Frage dich: »Arbeiten wir gemeinsam daran, eine gute Lösung für meine Probleme zu finden? Oder werde ich unter Druck gesetzt, eine bestimmte Leistung abzuliefern, ohne nennenswerte Unterstützung zu bekommen?« Wenn jemand dich unter Druck setzt und dir keine Hilfe anbietet, kann es keine gute Arbeitsatmosphäre geben. Und vermutlich hat die Person tatsächlich keine Idee, wie sie dir helfen kann.

Es gibt gute Schauspiellehrer:innen da draußen! Du kannst auch die Zusammenarbeit mit ein paar verschiedenen Leuten ausprobieren, um herauszufinden, was und wer dir gerade guttut.

Einen ersten Hinweis auf die Qualität des Coachs kann die Beantwortung der Frage geben, welche Ausbildung und Erfahrung er oder sie hat. Gibt es eine Vita online? Dann schau genau hin. Hat jemand eine staatliche oder eine private Ausbildung? Wer selbst nicht an einer der staatlichen Schulen studiert hat, weiß vielleicht nicht so viel über die Aufnahmeprüfungen und die Studienrealität dort. Einige Kolleg:innen schreiben die Namen der Schulen nicht in ihre Vita, das heißt vermutlich, dass sie keine oder eine private Ausbildung hatten. Auch die Formulierung »Schauspielausbildung *in* der Stadt XYZ« anstatt »*an der* Schauspielschule soundso« kann ein Hinweis darauf sein, dass es eine Privatschule und nicht die staatliche Hochschule gewesen ist, die es in der Stadt vielleicht ebenfalls gibt. Damit will ich absolut nicht sagen, dass Absolvent:innen einer Privatschule keine guten Lehrenden sein können. Aber es ist ein Aspekt, den man – besonders in der Vorbereitung für Aufnahmeprüfungen an staatlichen Schulen – bedenken sollte.

Interessant ist auch, ob jemand selbst an Theatern oder vor der Kamera gespielt hat oder immer noch spielt. Welche Berufserfahrung hat dein Coach? Lass dich aber nicht zu sehr blenden von der schauspielerischen Qualität der Leute. Nicht jede gute Schauspielerin ist auch eine gute Lehrerin und nicht jeder Regisseur ist auch ein guter Lehrer. Etwas selbst gut zu können ist nicht dasselbe wie anderen zu helfen, etwas gut zu machen.

Wenn jemand schon Regie geführt hat, ist das eine Erfahrung, die fürs Unterrichten hilfreich sein kann. Auch Regisseur:innen, die selbst nie auf der Bühne gestanden haben, können gute Coachs sein. Allerdings haben sie selbst meist die Situation der Aufnahmeprüfungen nicht durchgemacht und kennen sie nicht von innen. Vielleicht kann außerdem die Frage, wie lange jemand schon unterrichtet, interessant sein?

Du solltest dir außerdem ansehen, ob jemand nach einer bestimmten Methode arbeitet. Wenn ja, informiere dich über diese Methode und überleg, ob sie für dich in Frage kommt. Viele Coachs arbeiten mit mehreren methodischen Ansätzen oder – so wie ich – frei von festgelegten Methoden. Was dabei für dich am besten ist, kannst nur du selbst herausfinden. Wenn jemand nach einer Methode arbeitet, achte darauf, ob es ein Dogma ist, dem sich alles unterordnen muss oder ob auch alles andere erlaubt ist, was funktioniert. Schauspieltechnik sollte kein Selbstzweck sein, sondern eine Unterstützung für deine kreative Arbeit.

Am Ende ist es eine sehr subjektive Entscheidung, die du nach deinem eigenen Gefühl treffen musst. Hilft dir dieser Coach oder nicht? Fühlst du dich unterstützt in dem, was du willst? Fühlst du dich gesehen und wertgeschätzt? Ist die Kommunikation so, dass du dich wohl und sicher fühlst? Vertraust du dem Coach künstlerisch und persönlich? Fühlst du dich gut aufgehoben? Hast du den Eindruck, mit dieser Hilfe weiterzukommen?

Als ich am Ende einer langen Suche die Lehrerin gefunden hatte, die mir wirklich helfen konnte, war auf einmal alles sehr einfach. Sie hat meine größten Blockaden und Missverständnisse sehr klar angesprochen, mir geholfen sie zu lösen und danach haben wir nur noch künstlerisch an den Szenen gearbeitet. Im Anschluss liefen die nächsten Prüfungen wesentlich besser als vorher.

Aus der Tätigkeit als Schauspiellehrerin weiß ich, dass die Arbeit manchmal mühsam und langwierig sein kann, denn manchmal findet man nicht so schnell die Punkte, die Schwierigkeiten machen. Oftmals sind Blockaden nicht rein künstlerisch, sondern sehr persönlich, so dass sie ihre Zeit brauchen, bis du sie soweit überwinden kannst, dass du wirklich frei bist und locker spielen kannst. Du solltest deinem Gehirn die Zeit geben, sich umzustrukturieren, wenn du Verhaltensweisen verändern willst, die dich schon lange begleiten. Dass die Arbeit mühsam und langwierig ist, ist also kein Zeichen für schlechten Unterricht. Wichtiger ist, ob du den Eindruck hast, kontinuierlich weiterzukommen und dich in die Richtung zu entwickeln, in die du willst.

Hör auf deinen Instinkt. Such dir jemanden, der dir wirklich hilft. Lass dir keinen Unsinn einreden. Vertrau deinem Gefühl. Für jeden Menschen ist etwas anderes richtig, du musst das finden, was *dich* weiterbringt.

Lehrer-Hopping ist auch keine Lösung

Um den für dich passenden Schauspielcoach zu finden, kann es sich lohnen, einige Lehrer:innen auszuprobieren. Was ich allerdings nicht empfehle, ist, jedes Mal, wenn es in der Arbeit schwieriger wird oder du den Eindruck hast, nicht richtig voranzukommen, einen neuen Coach zu suchen. Es kann sein, dass du gerade an einen wesentlichen Punkt kommst, an dem eine Weiterentwicklung möglich wird.

Manchmal ist die gemeinsame Arbeit zu Beginn recht einfach und es geht schnell voran, danach wird es ruhiger und dann kommt nach ein paar Wochen eine Blockade zum Vorschein. Wenn du sicher bist, dass sie durch den Coach hervorgerufen wird, ist es wahrscheinlich sinnvoll weiterzuziehen. Als Erstes solltest du aber das Gespräch suchen. Überleg dir, was dich stört, was dich beschäftigt und unzufrieden macht und sprich es an. Vielleicht teilt ihr dieselben Beobachtungen und findet eine Lösung, wie ihr sinnvoll weiterarbeiten könnt. Es kann auch sein, dass ihr gerade an eine Blockade gekommen seid, deren Auslöser in dir liegt und die bei jedem Coach erneut auftauchen würde. Besonders, wenn du dieselbe Erfahrung öfter gemacht hast, kann es hilfreicher sein, das Thema jetzt anzugehen, anstatt einen neuen Coach zu finden und nach einer Weile wieder an die gleiche Blockade zu stoßen.

Bedenke auch, dass sowohl die Probleme in deiner künstlerischen Arbeit als auch die Lösungen dafür in dir selbst liegen! Ein guter Coach kann dich auf deinem Weg begleiten, dir Vorschläge machen und Lösungsideen anbieten, die du für dich ausprobieren musst, um das für dich richtige zu finden. Doch niemand hat die fertige Lösung für deine Themen parat. Es geht immer darum, dass du selbst deinen Weg findest. Die Lehrenden haben dir zwar einiges an Erfahrung voraus, aber ob ihre Erkenntnisse dir helfen, musst du selbst herausfinden. Wenn dich jemand unterstützend begleitet, während du deine eigenen Lösungen findest, kannst du Dinge entdecken, die sich von den Erfahrungen deines Coachs unterscheiden.

Schau dich nach einem neuen Lehrer oder einer neuen Lehrerin um, wenn die Arbeit für dich nicht mehr funktioniert oder auch, wenn du eine neue Anregung brauchst. Aber schmeiß nicht hin, sobald es schwierig wird, vor allem nicht mehrfach, denn damit bringst du dich um die Möglichkeit, aus Schwierigkeiten zu lernen. Sprich mit deinem Coach, teile ihm oder ihr deine Zweifel und Unsicherheiten mit, dann wirst du genauer wissen, ob es sinnvoll ist, an diesen Dingen gemeinsam weiterzuarbeiten oder ob du jemand anderen brauchst, um weiterzukommen.

Schauspieltechnik – was nicht nützlich ist, kann weg!

Ich arbeite meist mit jungen Menschen, die schon vorher in Theatergruppen waren. Schauspielkurse und Workshops gemacht oder mit anderen Schauspiellehrer:innen gearbeitet haben. Dabei sind sie mit verschiedenen Schauspieltechniken und Methoden in Kontakt gekommen. Manches davon ist hilfreich, anderes ist in der Arbeit ein Klotz am Bein, etwas, das unbewusst die künstlerische Arbeit erschwert. Oft ist die Befreiung von Hindernissen – seien sie persönlicher Art oder durch zu ernst genommene und falsch verstandene Anweisungen verschiedener Schauspiellehrer:innen entstanden – ein wesentlicher Teil der gemeinsamen Arbeit.

Mach dir klar, dass jede Schauspieltechnik, jede Methode, jedes System kein Selbstzweck ist. Sie sollen dir helfen, besser spielen zu können, mehr Ideen, mehr Klarheit, mehr Freiheit zu haben –, dich sicherer zu fühlen in den Proben und dadurch mehr Risiko eingehen zu können. Sie sollen dich nicht einschränken, sondern inspirieren.

Du kannst sämtliche Schauspieltechniken als eine Sammlung von Werkzeugen in verschiedenen Kästen sehen, die du kennenlernen und ausprobieren kannst. Finde heraus, wozu die Werkzeuge gedacht sind und probiere aus, ob du damit noch andere Dinge tun kannst. Manche werden sich für dich und deine künstlerische Arbeit als extrem wertvoll und hilfreich herausstellen. Die solltest du in deinen Rucksack packen und mitnehmen und sie so oft verwenden, wie du sie brauchst. Aber viele Werkzeuge wirst du nicht ständig benötigen. Die kannst du getrost im Werkzeugkasten lassen. Vielleicht brauchst du sie irgendwann, vielleicht aber auch nicht. Es macht keinen Sinn, bei jeder Aufgabe sämtliche Werkzeuge – selbst die, deren Sinn du nie verstanden hast – mitzuschleppen und zu glauben, du müsstest nun für jede Aufgabe auch jedes einzelne Werkzeug verwenden. Um einen Nagel in die Wand zu schlagen, ist keine Säge nötig. Du kannst auch einen Stein als Hammer benutzen. Worauf es ankommt ist, ob dir dein Werkzeug hilft oder nicht.

Dasselbe gilt für Schauspieltechniken. Wenn du eine kleine Rolle in einem Film spielst, über die sehr wenig im Drehbuch steht, schreibst du vielleicht eine Rollenbiografie, um mehr Klarheit und Material zum Spielen zu haben. Wenn du aber Kassandra oder Medea spielst, hast du schon so viele Informationen im Stück und in anderen Texten über die Figur, dass du vermutlich keine zusätzliche Rollenbiografie brauchst. Sie kann dich vielleicht sogar verwirren. Das musst du für dich selbst herausfinden. Was brauchst du gerade jetzt, um diese Rolle, diese Szene spielen zu können? Was hilft dir? Hab Spaß am Ausprobieren! Aber setz dich nicht unter Druck, etwas machen zu müssen, was sich nicht sinnvoll anfühlt. Mit der Zeit wirst du wissen, welches Werkzeug dir für welche Aufgaben am meisten hilft. Für den Anfang rate ich dir, dich auf die wesentlichsten Dinge zu konzentrieren. Welche Fragen *musst* du dir stellen, damit du die Szene spielen kannst? Finde heraus, was du wirklich brauchst. Oft ist es verwirrend, wenn du dich mit zu vielen Dingen gleichzeitig beschäftigst.

Schauspielerei ist nicht kompliziert – aber manchmal schwer

Meine Erfahrung mit Schauspielschüler:innen ist, dass sie oft glauben, Schauspiel wäre eine komplexe Sache, bei der man eine ganze Menge lernen muss, bevor man sie gut machen kann. Manche Schauspieltechniken, Bücher und Lehrende lassen es auch so aussehen, als ob man nur dann gut spielen könnte, wenn man eine ganze Reihe von Schritten zur Vorbereitung getan hat. Das glaube ich nicht.

Schauspielerei ist nicht kompliziert. Die Grundlage unserer Kunst ist Kommunikation. Und das können wir alle. Deshalb funktioniert Schauspiel überhaupt für die Zuschauenden, weil wir ein Mittel benutzen, das alle Menschen kennen und verstehen. Wir brauchen also keine komplizierten Techniken, Tricks oder künstlerische Genialität, um spielen zu können. Jedes Kind kann Rollenspiele spielen.

Es geht vor allem am Anfang eher darum, künstlerische und persönliche Blockaden zu beheben, damit sich die Spiellust frei entfalten kann. In der Ausbildung kommen handwerkliche Dinge dazu, die es dir ermöglichen, immer präziser zu spielen und gleichzeitig freier und selbstbewusster zu werden.

Was ich in den Jahren des Lernens, Spielens und Lehrens herausgefunden habe, ist, dass es ein paar grundlegende Dinge gibt, die fast immer wichtig sind. Ein paar wenige Fragen müssen gestellt und beantwortet werden. Es muss ein Ziel und einen Konflikt geben, sonst findet keine Handlung statt. Und die Beziehung der handelnden Personen muss klar sein, sonst wird es beliebig. Alles andere ist variabel.

Das Ziel kann so einfach sein, wie einen möglichst hohen Turm aus Stühlen zu bauen oder mit verbundenen Augen eine andere Person zu finden. Es muss einen Konflikt geben wie die Schwerkraft, die den Turm umstürzen lassen könnte, sonst entsteht keine Spannung. Das Ziel »ich will mich auf einen Stuhl setzen« ist uninteressant. Es sei denn, jemand anders will das verhindern, dann wird es sofort spannend. Auch die Beziehung kann simpel sein. Wenn ich weiß, ob mein Gegenüber Verbündeter oder Gegnerin ist, habe ich bereits etwas, womit ich arbeiten kann.

Ein russischer Schauspiellehrer, mit dem wir an der UdK für ein paar Wochen an Tschechow-Szenen gearbeitet haben, sagte damals:

> »Wenn man einen Kuchen backt, fängt man nicht mit der Sahne und den Kirschen obendrauf an, sondern mit dem Boden.«

Die Grundlagen des Spielens sind also nicht kompliziert. Deshalb braucht es keine komplexen Methoden, um spielen zu können. Klarheit ist wesentlich wichtiger.

Aber zwei Dinge machen unsere Arbeit manchmal schwer: Das eine sind Aufregung, Angst und Perfektionismus sowie Emotionen und Vermeidungsstrategien, die daraus entstehen, dass wir uns beobachtet fühlen und »es gut machen« wollen. Das sind Blockaden und Hindernisse, mit denen wir uns beschäftigen sollten, um sie immer weiter hinter uns zu lassen. Daran können wir arbeiten.

Das andere ist meiner Meinung nach schlicht Teil unseres Berufs: Wir beschäftigen uns als Schauspieler:innen meist mit Ausnahmesituationen. Theaterstücke und Filme erzählen Geschichten, die heftige, emotionale Momente im Leben eines Menschen darstellen. Wir stellen uns diesen Extremsituationen. Wir stellen uns diesen Momenten zur Verfügung. Wir gehen dahin, wo es wehtut. Und bleiben dort. Wir halten die Spannung aus, die Emotionen, die Unsicherheiten, die entstehen, wenn wir mit unserer Fantasie und unserem Körper in diese Bereiche gehen. Das kann sehr schwer sein, schwer auszuhalten. Manchmal ist es beängstigend, sich darauf überhaupt einzulassen, sich da hinzutrauen und dortzubleiben, anstatt sich zu schützen oder schnellstmöglich für Harmonie zu sorgen. Daran ist meiner Meinung nach nichts zu ändern, es gehört zu unserer Arbeit dazu.

Natürlich gibt es Formate, die sich mehr an der Oberfläche bewegen. Aber wenn du tiefer in die Schauspielerei einsteigen willst, dann solltest du dich darauf einlassen, dahin zu gehen, wo es wehtut. Dahin, wo die Angst sitzt, wo du die Kontrolle darüber verlierst, wie du dich fühlst und wie man dich von außen wahrnimmt.

Ich glaube, die Leute gehen ins Theater oder schauen Filme an, um die Auseinandersetzung mit den Schattenseiten, das Hineinsehen in die Abgründe erleben zu können. Unsere Aufgabe ist es, uns diesen Geschichten zur Verfügung zu stellen. Im gemeinsamen Durchleben dieser Situationen besteht der Zauber von Theater – denn auch die Zuschauenden durchleben sie ja miteinander und gemeinsam mit uns. Während wir alle uns zusammen durch die Geschichte des Theaterstücks bewegen, erleben wir, dass wir mit unseren Gefühlen, Ängsten und Unsicherheiten nicht allein sind. Und wir Schauspieler:innen setzen uns dieser Erfahrung sehr unmittelbar mit unserem Körper aus. Das erfordert Mut. Sich verletzbar zu machen. In Bereiche zu gehen, die sich unkontrollierbar anfühlen. Unsicherheit aushalten zu lernen.

Das ist nicht kompliziert, aber manchmal sehr schwer. Du kannst diesen Mut üben und entwickeln. Aber ich glaube, du musst das wirklich wollen. Es ist ein Punkt, über den man meiner Meinung nach niemanden hinüberschieben kann und sollte. Im Unterricht kann ich nur anbieten, meine Schüler:innen bei ihrem Weg ins Risiko zu begleiten. Sie zu bestärken und Hindernisse aus dem Weg zu räumen. Den Schritt ins Ungewisse müssen sie selbst gehen. Natürlich kann eine geschickte Regisseurin oder ein erfahrener Coach Schauspieler:innen für einen Augenblick in diese Bereiche bringen, wenn sie es nicht selbst schaffen. Aber wenn du deinen eigenen Weg als Schauspieler:in gehen willst, musst du selbst den Schritt wagen. Wieder und wieder. Das kann anstrengend sein und dir viel abverlangen, aber es kann dir auch sehr viel geben. Du musst für dich herausfinden, ob es dich genug reizt.

3. Die Auswahl der Szenen fürs Vorsprechen

Wie du eine gute Szene findest

Die Schauspielschulen fordern von den Bewerber:innen zwei bis vier kurze Szenen zum Vorsprechen. Standard ist, dass du mindestens eine klassische und eine moderne Szene brauchst, manchmal auch ein Lied, selten ein Gedicht. Einige Schulen geben Autor:innen oder eine Rollenliste vor, aus der man einen Text vorbereiten soll. Einige wollen zusätzlich eine selbstausgedachte Szene sehen. (In Kapitel 5 erkläre ich dir genauer, wie du eine solche Szene erarbeiten kannst.) Manchmal gibt es auch spezielle Vorgaben, wie eine Rolle in einer vorgegebenen Partnerszene zu lernen oder einige Szenen vor der Kamera zu spielen. Wenn du dich darüber informiert hast, wie viele Szenen du für dein Vorsprechen brauchst, kannst du anfangen, dich nach den richtigen Texten umzusehen. Such dir erst einmal zwei Szenen aus, einen klassischen und einen modernen Text. Die ersten Prüfungen im Herbst erfordern meist nur zwei Szenen und du kannst sie ausprobieren und danach weitersehen. Vermutlich brauchst du auch ein Lied.

Was heißt aber genau ein »klassischer« Text? Einige Schulen machen genaue historische Vorgaben. Ich habe allerdings noch nie gehört, dass jemand nicht vorsprechen durfte, weil er oder sie einen Text gewählt hatte, der nicht genau in die vorgegebene Zeit fiel. Eigentlich geht es darum, herauszufinden, ob jemand Interesse an und einen Zugang zu Texten hat, die nicht alltäglich, umgangssprachlich und modern sind. Also ist jeder Text, der nicht unserer Alltagssprache entspricht, möglich. Ob das ein Text aus der griechischen Antike ist, Shakespeare oder Schiller, Kleist oder Hauptmann, Tschechow oder sogar Brecht, entscheidest du.

Das wichtigste an deiner Auswahl ist, dass *dir* die Texte gefallen. Und mit »gefallen« meine ich nicht, ob du sie »schön« findest, sondern, ob sie dich inspirieren. Weckt ein Text deine Spielfreude? Hast du Lust, die Szene auszuprobieren? Berührt oder amüsiert dich der Text? Verstehst du die Figur und ihr Problem? Hast du einen persönlichen Bezug zur Rolle? Fallen dir Ideen ein, die du gerne ausprobieren möchtest? Siehst du eine Situation vor dir, wenn du die Szene liest – oder nur Textzeilen? Oder auch: Macht dir ein Text ein bisschen Angst? Das kann ebenfalls interessant sein.

Such dir zwei Rollen, die sich nicht allzu ähnlich sind. Deine Szenen sollten nicht denselben Konflikt behandeln, nicht genau dieselbe Stimmung haben. Such dir etwas, das dir entspricht, das du gern machen willst. Dabei ist das Schielen auf »Was wollen die sehen?« nicht hilfreich. Was die eine Dozentin mag, gefällt der nächsten nicht. Wenn dir eine Schule eine bestimmte Rückmeldung gibt, kann es sein, dass die nächste Schule es genau entgegengesetzt sieht. Selbst wenn dir ein Dozent für die zweite Runde an einer Schule Tipps gibt, kann es sein, dass die anderen Lehrenden derselben Schule das anders sehen. Deshalb ist es am wichtigsten, auf das eigene Gefühl zu hören. Die Prüfenden wollen vor allem herausfinden, wer du bist, was dich interessiert und deine künstlerische Persönlichkeit kennenlernen. Es geht darum, dass sich die zueinander passenden Studierenden und Dozent:innen finden. Du wirst nie allen gefallen. Aber das musst du auch nicht. Du solltest dir selbst so treu bleiben, dass die Lehrenden, mit denen du am besten arbeiten kannst und die gern und sinnvoll mit dir arbeiten können, dich in deiner künstlerischen Individualität klar sehen können. *Dich* soll man erkennen in deinen Szenen.

Vor allem für die Frauen noch dieser Tipp: Schau dich auch bei den Texten der Männerrollen um! Es gibt mehr gute Vorsprechtexte für Männer – und heutige junge Frauen können mit den Konflikten der historischen Frauenfiguren manchmal nicht so viel anfangen, was dazu führt, dass einige wenige »emanzipiertere« Rollen sehr oft gespielt werden. Nimm keinen Text, in dem es um ein typisch männliches Problem geht, was auch immer das genau heißt, aber es gibt unzählige Texte, die genauso gut eine Frau spielen kann.

Andersherum trifft das natürlich auch zu. Vielleicht ist eine Szene über eine ungewollte Schwangerschaft für einen Mann etwas seltsam, aber andere Themen sind sicher möglich. Und überhaupt: Im Theater ist alles möglich und erlaubt!

Es kann sein, dass einige Dozent:innen es nicht mögen, wenn ein Text für einen Mann von einer Frau gespielt wird, aber das ist mittlerweile selten ein Problem. Doch selbst wenn jemandem deine Auswahl nicht gefällt, wird man dir eher für die zweite Runde eine andere Rolle aufgeben als dich wegen eines Textes, der nicht gefällt, nicht weiterzulassen.

In der Kürze liegt die Würze

Die Vorgabe für die Länge der Szenen liegt bei drei bis fünf Minuten, manchmal auch drei bis acht Minuten. Es gibt einige Schulen, die versprechen, dass Prüflinge die erste Szene zu Ende spielen können, ohne unterbrochen zu werden. Andere Schulen unterbrechen dich möglicherweise recht schnell, einige arbeiten noch mit dir an den Szenen, andere nicht.

Grundsätzlich solltest du dir klar machen, dass es nicht das Ziel des Vorsprechens ist, alles zu zeigen, was du kannst, sondern Neugier zu wecken. Wenn du mit einer Szene fertig bist und das Gefühl entstanden ist, »da hätte ich gern noch mehr gesehen«, ist das eine gute Sache!

Versuch, drei Minuten anzupeilen, meist werden die Szenen sowieso ein wenig länger. Das heißt, eine A 4-Seite reicht völlig aus! Es kann auch wesentlich weniger Text für eine Szene genügen. Je nach Situation, Figur, Sprachrhythmus und Stimmung wird ja schneller oder langsamer gesprochen. Außerdem kommt es darauf an, wie viel Handlung in der Szene vorkommt. Wenn du den Text laut vorliest, ohne »Kunst«, aber schon mit passendem Tempo und Pausen, kannst du die gespielte Länge der Szene in etwa abschätzen. Wenn du bei zwei bis drei Minuten landest, ist der Text lang genug. Wenn du über acht Minuten brauchst, solltest du ihn kürzen, bevor du zu proben beginnst.

Such dir keine Szene aus, die erst am Ende spannend wird! Steig sofort voll ein! Das, was du zeigen willst, sollte in den ersten ein bis zwei Minuten stattfinden. Keine unterdrückten, nahezu unsichtbaren Gefühle, die sich erst am Ende einer Acht-Minuten-Szene plötzlich Bahn brechen. Denn bis dahin kommst du vielleicht gar nicht. Und selbst wenn, hast du vorher womöglich schon das Interesse der Zuschauenden verloren.

Welche Art Szene eignet sich?

An sich ist alles erlaubt, was für dich funktioniert. Ein paar Tipps habe ich trotzdem. Viele moderne Theatertexte und vor allem Monologe sind eher Erzählungen als Situationen. Das heißt, wir sehen jemanden, der etwas erzählt, was ihm früher passiert ist. Die Haupthandlung findet also nicht auf der Bühne statt. Manchmal gibt es dazu eine interessante aktuelle Situation (also wem erzählst du es und wozu), manchmal aber auch nicht. Wenn du dich für so einen Text entscheidest, musst du dir die Situation selbst ausdenken.

Ein klassisches Beispiel dafür ist Meroe aus Kleists *Penthesilea*. Es ist ein Bericht, der zwar emotional eingefärbt ist, aber keine sonderlich klare Absicht hat. Wenn du so etwas machst, musst du dich beim Erarbeiten auf die aktuelle Situation und das Ziel der Figur konzentrieren, sonst wird es nicht funktionieren. Im Stück wirkt eine solche Szene stark über die Reaktionen der anderen Schauspieler:innen. Wenn du es als Monolog spielst, fehlt diese Ebene.

Einfacher und teilweise auch interessanter sind Szenen, in denen tatsächlich etwas auf der Bühne stattfindet und nicht nur über etwas geredet wird. Achte beim Lesen und Aussuchen der Szenen darauf, ob in ihnen etwas passiert. Ich rate dir, auf keinen Fall zwei Szenen auszuwählen, die ausschließlich ein Bericht sind.

Wenn du dich für eine Szene entscheidest, lies das ganze Stück! Es ist aber nicht nötig, jedes Stück komplett zu lesen, bevor du dich für etwas entscheidest.

Wenn du einen Autor oder eine Autorin besonders magst, lies dich ruhig durch sämtliche Texte und halte die Augen offen für mögliche Szenen. Vielleicht musst du selbst zusammenkürzen, Partnerszenen in Monologe verwandeln oder Passagen von mehreren Figuren kombinieren. Je wohler du dich mit der Textarbeit fühlst, desto leichter wird es sein, eigene Szenen aus einem Theatertext herauszuarbeiten. Ich mag es sehr, wenn Schüler:innen eigene Szenen entwickeln, denn das erzählt eine Menge über ihre künstlerische Persönlichkeit. Oder du suchst über eine Bibliothek einen Stapel Theaterzeitschriften. *Theater heute* und *Theater der Zeit* drucken in jeder Ausgabe ein aktuelles Stück ab. Dort kannst du Szenen finden, die nicht so oft gespielt werden.

Es ist aber kein Problem, eine Szene zu spielen, die häufig vorgesprochen wird. Wenn du Lust darauf hast und dir dazu etwas einfällt, kannst du gern Julia, Hamlet oder Gretchen spielen. So oft werden diese Klassiker gar nicht gespielt und es kommt nicht darauf an, ob die Dozent:innen den Text spannend finden, sondern ob du mit deiner Interpretation ihr Interesse weckst.

Wenn du bisher noch gar keine Idee hast, wie die Szenen für dein Vorsprechen aussehen könnten, kannst du dir die Filme *Die Prüfung*,

Die Spielwütigen und auch *Kleine Haie* anschauen oder Dokumentationen über Vorsprechen. Und du kannst in Sammlungen von Vorsprechmonologen, zum Beispiel vom Henschel Verlag, einige Szenen lesen.[3] Dadurch kannst du ein Gefühl für mögliche Texte bekommen und findest vielleicht eine Szene für dich.

Im Anhang habe ich ein paar Beispiele für Szenen aufgelistet, die sich meiner Meinung nach gut zum Vorsprechen eignen. Diese Texte habe ich schon mehrfach mit Schüler:innen erarbeitet und weiß, dass sie fast immer gut funktionieren. Manche sind Monologe, andere muss man ein bisschen zusammenstreichen, weil es eigentlich Dialoge sind. Allerdings rate ich dir nicht, jetzt einfach nur Szenen von dieser Liste auszusuchen, denn viele davon werden oft gespielt. Mir geht es darum, dass du eine Idee bekommst, welche Art Szene sich gut eignet, damit du einen Blick dafür hast, wenn du nach deinen eigenen Szenen suchst.

Es lohnt sich sehr, wenn du dir die Zeit nimmst, wirklich gute Szenen für dich zu finden. Passende Szenen werden nicht nur besser, die Probenarbeit ist auch wesentlich einfacher und geht schneller.

---

3 Detaillierte Literatur-Empfehlungen findest du im Anhang.

4. Kopfarbeit – Szenenanalyse

Die Arbeit »am Tisch«

In unserer Theaterkultur ist es üblich, erst einmal am Tisch zu starten, den Text zu lesen und darüber zu reden. Kann man machen, muss man aber nicht. Finde heraus, wie du am besten vorankommst. Probiere verschiedene Wege aus und schau, was für dich funktioniert. Vielleicht ist auch für jede Szene etwas anderes notwendig.

Du kannst jederzeit die Analyse unterbrechen, um etwas direkt körperlich auf der Bühne auszuprobieren. Szenenanalyse ist nichts, was vor der Probenarbeit abgeschlossen sein muss, außer vielleicht bei Dreharbeiten, wo am Set wenig Zeit dafür bleibt. Wir verbringen oft zu viel Zeit mit Vorbereiten, Denken und Reden anstatt zu tun und auszuprobieren. Solange sie dir hilft und dich inspiriert, ist Vorbereitung gut. Aber ausgiebiges Darübernachdenken kann auch ein Versuch sein, Fehler zu vermeiden. Oder Angst, Sachen auszuprobieren, solange man noch nicht sicher ist, ob sie richtig sind und funktionieren. Ausprobieren bringt oft schnellere und klarere Ergebnisse als langes Darüberreden.

Von Brecht ist überliefert, dass er seinen Schauspielern sagte:

> »Sag mir nicht, was du machen willst, zeige es mir! Ich muss es sehen!«

Meine Herangehensweise hat sich sehr geändert, seitdem ich bei einem internationalen Workshop in der Schauspielschulzeit mit einem katalanischen Kollegen eine Szene erarbeitet habe. Er sprach kein Englisch und da ich kein Spanisch spreche, konnten wir uns nicht mit Worten verständigen. Es war faszinierend, wie gut die Arbeit trotzdem funktioniert hat, indem wir alle Ideen direkt im Spiel erprobt haben. Seitdem versuche ich, möglichst schnell ins Spiel zu gehen, auch mit meinen Schüler:innen.

Mach so viel Vorarbeit, wie du für deine Szene brauchst. Nicht zu viel und nicht zu wenig. Wann ist es zu viel? Wenn du merkst, dass Fragen und Informationen dich eher verwirren und du dich überfordert anstatt inspiriert fühlst. Oder wenn du spürst, dass du die Vorarbeit als Vermeidungsstrategie nutzt, weil du Angst hast, auf die Bühne zu gehen. Wann ist es zu wenig? Wenn du keinen Impuls hast, keine Idee, um auf die Bühne zu gehen. Oder wenn du nur sehr ungenaue, klischeehafte Gedanken zu der Szene hast. Wenn während der Proben neue Fragen auftauchen, kannst du jederzeit wieder in die Szenenanalyse einsteigen. Das ist normal und kein Zeichen für mangelnde Vorbereitung. Meiner Erfahrung nach gibt es einige wenige grundlegende Dinge, die du wissen musst, um eine Szene spielen zu können. Du musst nicht alle Fragen beantwortet haben, wenn du zu proben beginnst. Aber sie sollten in der Vorbereitung oder beim Proben so bearbeitet werden, dass du sie am Ende der Probenzeit für dich beantwortet hast.

Die Beziehung der Figuren zueinander

Der erste Punkt ist die Beziehung zu deinem Gegenüber in der Szene. Es gibt immer ein Gegenüber, auch in Monologen. Mit wem spricht die Figur? Es kann das Publikum sein oder die Prüfer:innen oder die Menschheit oder die abwesende Mutter, der Bruder oder die Chefin. Die Frage ist: Wie sieht die Beziehung zu dieser anderen Person aus? Es reicht nicht zu sagen: Die Figur spricht mit ihrer Mutter, ihrem Partner, einer Polizistin oder einem Therapeuten. Das ist natürlich wichtig, aber es gibt viele unterschiedliche Arten von Beziehung zu einem Elternteil oder zu Partner:innen. Auch wenn das Gegenüber eine offizielle Funktion hat, wie ein Priester bei einer Beichte oder eine Polizistin bei einem Verhör, gibt es eine zweite Ebene. Was denkt die Figur über Priester oder Polizistinnen? Kennen die beiden sich oder sind sie sich fremd? Versteht sie ihr Gegenüber als Helfer oder als Feindin? Erinnert es sie womöglich an jemanden, einen Vertrauten oder eine Gegnerin? Fühlt die Figur sich unter Druck gesetzt oder spricht sie freiwillig? Um die Beziehung für dich zu klären, kannst du unter anderem damit arbeiten zu sagen: »Es ist ungefähr so wie meine Beziehung zu XY.« Das heißt nicht, dass du beim Spielen an diese Person denken musst, es ist nur eine Abkürzung, um die Beziehung klar und vielschichtig zu machen.

Muss ich die andere Figur sehen?

Es ist *nicht* notwendig, beim Spielen eine vorgestellte Person zu sehen! Manche Lehrer:innen verlangen dies von ihren Schüler:innen; manchmal sagen es sogar Zuschauer:innen oder Prüfer:innen. Das ist Quatsch!

Du musst niemanden sehen, der nicht da ist! Du sollst dich so verhalten, *als ob* jemand da wäre, so dass *das Publikum* den Eindruck hat, du würdest mit jemandem reden. Wenn du tatsächlich jemanden vor dir siehst, der nicht da ist, würde mich das eher etwas besorgt stimmen. Und es ist völlig unnötig. Der Versuch, das vorgestellte Gegenüber zu sehen, ist reine Energieverschwendung. Da es selten richtig gelingt, zieht es viel Energie und Konzentration ab, die du dringend für andere Dinge brauchst. Die Zuschauenden sehen nicht, ob du die andere Figur siehst, sondern sie erkennen, ob du dich deinem vorgestellten Partner, der vorgestellten Partnerin gegenüber logisch verhältst. Wenn du das tust, kann im Zuschauenden der Eindruck entstehen, die andere Figur wäre tatsächlich da.

Das Bedürfnis der Figur

Der zweite wichtige Punkt ist das Bedürfnis der Figur. Was will sie? Was braucht sie? Wonach sehnt sie sich? Das sind feine Unterschiede in der Suche nach dem Antrieb der Figur und all diese Fragen sind interessant. Es gibt dafür verschiedene Begriffe in verschiedenen Schauspieltechniken: das Ziel, das Bedürfnis, der Need … Es geht darum: Was treibt die Figur an, überhaupt zu handeln? Warum macht sie den Mund auf? Was will sie erreichen? Warum geht sie in einen Konflikt oder eine Situation? Warum läuft sie nicht einfach weg, wenn es schwierig wird? Was versucht sie zu bekommen? Was will sie von ihrem Gegenüber? Was soll dieses anders machen? Mit welchem Ergebnis wäre deine Figur zufrieden? Wofür oder wogegen kämpft sie?

Ich benutze lieber das Wort Bedürfnis als Ziel, weil es auch unbewusste Antriebskräfte umfasst. Bei Ziel denken wir meist an etwas, das sich jemand bewusst vornimmt. Ein konkretes Ziel kann eine Figur auch haben, aber oft gibt es darunter noch etwas anderes, eine Sehnsucht nach etwas Größerem. Manchmal hat eine Figur kein bewusstes Ziel. Oder sie verhält sich sehr kontraproduktiv, obwohl sie ein klares Ziel hat. Dann hat sie vielleicht ein unbewusstes Bedürfnis, das dem bewussten Ziel widerspricht. Du findest in jedem Fall etwas, womit du arbeiten kannst, wenn du nicht nur nach einem Ziel, sondern einem Bedürfnis suchst.

Es kann für die Proben übrigens sehr spannend sein, unterschiedliche Ziele und Bedürfnisse auszuprobieren. Das gilt auch für die Beziehungen. Verschiedene Varianten sollte man nicht im Vorfeld aussortieren und für sich festlegen, welche Version »die richtige« ist! Sammle in dieser Phase Ideen! All die Ideen, die dich inspirieren und deine Fantasie anregen, kannst du im Spiel ausprobieren. Vielleicht ergibt sich daraus eine Variante, die du vorher gar nicht bedacht hattest. Oder dir wird beim Ausprobieren klar, welche der Versionen für dich am besten funktioniert. Es ist viel leichter, das beim Proben festzustellen als in der Vorarbeit.

Der Ort – Atmosphäre, Requisiten und Bühnenbild

Der dritte interessante Punkt ist der Ort, an dem eine Szene spielt. Daraus entstehen Ideen für die Form, das Bühnenbild und die Requisiten. Die Erfahrung zeigt: Wenn in den ersten Proben keine Requisiten und kein zumindest angedeutetes Bühnenbild und Kostüm zum Ausprobieren da sind, werden diese Dinge am Ende nicht vorkommen. Man entwickelt dann Ideen und Formen für die Umsetzung ohne diese Requisiten und kann sie später meist nicht mehr gebrauchen. Wenn du in den ersten Proben eine Jogginghose trägst, wird es später schwer, die Szene in einem langen Kleid zu spielen, denn aus den Kostümen ergeben sich unterschiedliche Haltungen und Bewegungen. Aber auch aus einem improvisierten Requisit können tolle Ideen entstehen.

Brauchst du überhaupt Requisiten? Und was heißt beim Vorsprechen Bühnenbild? Du brauchst gar nichts. Du kannst absolut ohne jedes Requisit auf der leeren Bühne spielen. Wenn das für dich in deiner Szene gut funktioniert, dann mach es so. Aber du darfst Requisiten benutzen. Und es hilft oft sehr. Einerseits kann es dir als Inspiration dienen, die Atmosphäre der Szene und die Gestaltung der Figur reicher machen. Andererseits ist zu bedenken, dass die Dozent:innen bei einer Aufnahmeprüfung stundenlang auf dieselbe Bühne schauen. Wenn jemand kommt und die Bühne mit einfachen Mitteln verändert, ist es künstlerisch und visuell interessant. Obwohl es natürlich durchaus unterschiedliche Vorlieben gibt.

Als Bühnenbild stehen dir beim Vorsprechen immer ein Tisch und zwei Stühle zur Verfügung. Meist ist es ein quadratischer Küchentisch. Du kannst sie benutzen, wie du willst. (Solange du sie nicht kaputt machst.) Du kannst also auch den Tisch als Bett nutzen oder als Boot –

oder darunter spielen oder darüberkriechen oder ihn umdrehen oder auf die Seite stellen. Du kannst einen Stuhl in einen Fernseher verwandeln oder in einen Hackklotz oder dich auf den Stuhl stellen, ihn in den Händen halten oder zwei Stühle als Bank verwenden oder, oder, oder …

Den Tisch in die Mitte der Bühne zu stellen und die Stühle links und rechts daran oder einen Stuhl dahinter als Schreibtisch solltest du vermeiden. Das machen viele und es ergibt einen eher langweiligen Bühnenraum. Wenn du aber für deine Szene so einen Aufbau brauchst, versuch, den Tisch ein bisschen nach rechts oder links zu schieben, so dass er nicht genau in der Mitte steht. Oder drehe alles leicht nach links oder rechts. Nimm die Position des Publikums ein, lass dein Bühnenbild auf dich wirken und probiere aus, wie du es visuell spannender machen kannst.

Als Bühnenbild eignen sich auch andere Dinge als die vorhandenen Möbel. Mit einer Schülerin habe ich eine Szene erarbeitet, die im Wald spielt. Sie hat ein paar Blätter gesammelt und auf die Bühne gestreut. Das schafft sofort eine andere Atmosphäre! Die Blätter konnte sie auch zum Spielen nutzen, sie hat mit dem Fuß darin herumgespielt und später ein Blatt in die Hand genommen. Oder du nimmst ein Laken als Picknickdecke oder als Bett, einen Koffer als Schrank oder, oder, oder …

Es ist schön, wenn deine Ideen den Raum verändern und du die Zuschauenden dadurch an einen anderen Ort mitnehmen kannst. Allerdings sollest du immer bedenken, dass die Requisiten möglichst leicht zu transportieren sind, wenn du zum Vorsprechen anreisen musst. Eine meiner Schülerinnen hat einen fast mannsgroßen Teddybären als Requisit mitgenommen. Das war toll für die Szene, aber natürlich umständlich fürs Reisen. Außerdem sollten alle Requisiten leicht wieder von der Bühne entfernt werden können, um denjenigen, die nach dir spielen, keine Probleme zu bereiten. Man kann durchaus Konfetti verwenden oder Erdnussflips oder Sprudelwasser als Sekt. Aber plane bitte ein, wie du die Bühne – schnell! – wieder säubern kannst. Und probiere vorher aus, ob es wirklich funktioniert! Du solltest auch nichts benutzen, was im Raum für die nächsten Wochen einen unangenehmen Geruch hinterlässt. Offenes Feuer, Rauchen und alles, was qualmt, ist sowieso in allen Schulen verboten. Wenn du so etwas brauchst für deine Szene, überleg dir eine andere schöne Möglichkeit, es darzustellen. Falls du eine nicht angezündete Zigarette verwenden willst, sag vorher Bescheid, dass du sie nicht anzünden wirst.

Die Frage nach dem Ort hat auch Einfluss darauf, wie man miteinander umgeht. Ein Gespräch zu Hause läuft anders als im Restaurant oder in einer Bibliothek oder nachts im Wald oder auf einem Schlachtfeld. Sind die Figuren allein oder nicht? Gehört der Raum einer der Figuren? Oder beiden? Oder jemand anderem? Gelten an diesem Ort besondere Verhaltensregeln? Was ist dort erlaubt und was nicht? Lauern irgendwelche Gefahren? Welche emotionale Bedeutung hat dieser Ort für die Figur? Das eigene Kinderzimmer hat eine andere Atmosphäre als eine Gruft auf dem Friedhof oder eine Gefängniszelle oder ein Jahrmarkt oder die Spitze eines Burgturms oder eine Kirche während des Gottesdienstes.

Wer ist die Figur?

Der letzte Punkt – und meiner Meinung nach der bei Vorsprechszenen am wenigsten wichtige in dieser Reihe – ist: Wer ist die Figur? Warum ist dieser Punkt am unwichtigsten? Vor allem, weil *du* dir die Szene ausgesucht hast! Das heißt, du hast vermutlich von allein eine Verbindung zu der Figur und ihrer Situation, selbst wenn dir das möglicherweise nicht bewusst ist. Manchmal ist es am besten für die Probenarbeit, über diesen Punkt im Vorhinein nicht weiter nachzudenken und von dir selbst auszugehen. Also, indem du dich fragst: »Wie würde ich mich verhalten, wenn ich in der Situation der Figur wäre?« Das kann vollkommen ausreichen. Es geht ja nicht um eine »richtige« Darstellung der Figur, sondern darum, dass deine künstlerische Persönlichkeit in der Szene spürbar wird. Das heißt nicht, dass es »privat« werden soll. Aber es darf persönlich und subjektiv und nah bei dir sein. »Privat« hieße, deine Trauer oder Wut über eine reale, aktuelle Trennung auf der Bühne auszuleben, während »persönlich« deinen eigenen Zugriff, deine Fantasie und Inspiration meint.

Ich erlebe oft im Unterricht, dass jemandem vorgefasste Meinungen über die Figur im Weg stehen. Ich empfehle dir, gerade mit diesem Bereich vorsichtig zu sein. Sammle Ideen – wenn du möchtest –, aber fasse keine feste Meinung über die Figur. Und fälle vor allem keine (moralischen) Urteile. Es gibt Eigenschaften, die wir manchen Figuren von außen zuschreiben, die wir jedoch kaum spielen können, denn es sind Urteile über Menschen, die wir nur von außen fassen, die sich von innen aber ganz anders anfühlen können. Eitelkeit ist ein gutes Beispiel dafür. Kaum jemand würde von sich selbst sagen: »Ich bin eitel.« Von innen fühlt sich Eitelkeit vielleicht eher wie Unsicherheit an oder wie Stolz. Urteile über Figuren machen es schwer, sie zu spielen. Besonders, wenn man von sich selbst sagen würde: »Ich bin aber nicht so!« Es kann dazu führen, dass man eher die Karikatur eines Menschen als einen echten Menschen spielt. Für eine natürliche Darstellung ist es wichtig, dass du dich auf die Seite deiner Figur stellst.

Wenn du Lust hast, dich genauer mit der Figur zu beschäftigen, versuch vor allem praktische Fragen zu beantworten:

Wer ist die Figur?

Wie alt ist sie? Was ist ihr Beruf oder ihre soziale Stellung? Was ist ihr Hintergrund, ihre Herkunft und Familie? Welche Erfahrungen haben sie geprägt?

Wann ist die Figur?

Wie ist ihr geschichtlicher und gesellschaftlicher Hintergrund? Wenn die Zeit oder die Kultur oder Gesellschaftsschicht nicht deiner alltäglichen Umgebung entsprechen, kann es sinnvoll sein, mehr darüber zu erfahren. Als Material für deine Ideen, nicht als feste Vorgabe. Du kannst dich auch entscheiden, Lady Macbeth im Jogginganzug zu spielen.

Wie ist die Figur?

Du kannst aus dem Stück Aussagen über die Figur sammeln, Regieanweisungen und Bemerkungen, die sie selbst oder andere Figuren über sie machen. Nicht mit dem Anspruch auf Wahrheit, sondern als Ideensammlung. Nicht alles, was jemand über sich selbst oder andere sagt, ist wahr.

Du kannst auch mit eigenen Assoziationen arbeiten: Erinnert die Figur dich an jemanden – oder an ein Tier, ein Lied, ein Bild? Hast du Ideen für ihr Tempo, ihre »Temperatur«?

Du kannst mit Gegensatzpaaren arbeiten: Ist sie eher weich oder hart, freundlich oder aggressiv?

Du kannst Bilder aus Zeitschriften oder dem Internet anschauen und beobachten, ob einige davon für dich zu der Figur passen. Ich benutze dafür manchmal Street Fashion Blogs.

Du kannst versuchen, herauszufinden oder dir auszudenken, welche Dinge sie gern tut. Liebt sie Bergsteigen, spielt sie Fußball, backt sie gern Kekse, tanzt Tango oder repariert gern alte Uhren?

Kann ich ein Kostüm benutzen?

Du kannst diese Ideen und Gedanken benutzen, um dir ein Kostüm zu überlegen. Du kannst alle Vorsprechszenen in Jeans und T-Shirt spielen, wenn das für dich funktioniert. Es kann aber hilfreich sein, Kostüme zu benutzen. Für dich, für dein »Reinkommen« in die Szene während des Vorsprechens und für Ideen während des Probens –, aber auch für die Prüfenden. Es kann dein Spiel verstärken, weil Verwandlungen klarer werden. Und es kann so einfacher sein, sich an einzelne Szenen und Prüflinge zu erinnern, wenn man viele Szenen hintereinander anschaut und sich erst nach einer Stunde darüber austauscht. Plane aber so, vor allem an den Schulen, bei denen du alle Szenen hintereinander spielst, dass du dich schnell und unkompliziert umziehen kannst. Leg dir die Kostüme gut zurecht, so dass du nichts suchen musst. Sorge dafür, dass sich Verschlüsse gut öffnen und schließen lassen. Am besten ziehst du etwas unter, was dich bei den Umzügen nicht zu nackt werden lässt. Manchmal gibt es zum Umziehen keinen guten Ort, vielleicht nur eine Stellwand oder den Flur.

Wie ist die Körperlichkeit der Figur?

Außerdem kannst du deine Überlegungen zur Figur benutzen, um etwas über ihr Verhalten und ihre »Körperlichkeit« zu erfahren. Körperlichkeit ist ein Theaterbegriff, der in etwa meint: Welche körperliche Haltung hat jemand, wie bewegt er oder sie sich, welches Tempo und welche Qualität haben seine oder ihre Bewegungen? Eine Bauarbeiterin, ein Profisportler oder eine Polizistin haben eine andere Körperlichkeit als ein Uhrmacher, eine Professorin oder Informatikerin, weil diese mit den alltäglichen körperlichen Aufgaben, den Routinen und dem Beruf einer Figur zu tun hat, aber auch mit ihrem gesellschaftlichen Hintergrund und Charakter. Wie ein Mensch auf andere wirken möchte und der Ort, die Beziehung und die Situation, in der sich jemand befindet, beeinflussen ebenfalls die Körperlichkeit. Wir verhalten uns nicht überall und in jeder Gesellschaft gleich. Es gibt aber eine individuelle Körperlichkeit, die jeder Mensch mitbringt.

Schau dir Menschen auf der Straße daraufhin an. Du kannst versuchen, den Gang und die Bewegung von jemandem zu übernehmen, dessen Bewegungen du ungewöhnlich oder interessant findest. Oder dich in der U-Bahn so hinzusetzen, wie eine andere Person sitzt. Natürlich möglichst so, dass der- oder diejenige es nicht bemerkt. Es ist wie ein Hineinfühlen in einen anderen Menschen. Wie fühlt sich die Haltung, die Bewegung an? Wie fühlst du dich, wenn du so sitzt oder gehst?

Ich ertappe mich manchmal dabei, wie ich beim Lesen die beschriebene Haltung oder Bewegung einer Romanfigur ausprobiere. So kannst du Ideen sammeln, die du vielleicht irgendwann gebrauchen kannst und deine Körperfantasie trainieren. Wenn ich eine Figur spiele, die stark von ihrem Beruf geprägt ist – wie zum Beispiel eine Polizistin –, schaue ich mir Dokumentationen an oder beobachte Polizist:innen, um ihre Körperlichkeit zu studieren. Ich sehe dafür keine Spielfilme an, denn ich möchte der Wirklichkeit näherkommen, nicht den Ideen meiner Kolleg:innen.

Du kannst auch mit Assoziationen arbeiten: mit Begriffen wie Feuer, Wasser, Luft, mit Farben, Musik oder dem Vergleich zu einem Tier oder zu jemandem, den du kennst. Was immer für dich funktioniert!

Bei allem, was du über die Figur herausgefunden hast, ist eins ganz wichtig: Du musst nichts davon *zeigen*! Es geht nicht darum, dass jemand, der zuschaut, deine Ideen und Gedanken erkennt. Es ist nur Material *für dich* zum Erarbeiten der Rolle. Du musst auch nicht alles benutzen, was du dir überlegt hast. Es ist gut, eine Menge Ideen zu haben, die du ausprobieren kannst. Aber es gibt keine Pflicht, alles zu verwenden!

Spielst du dich selbst oder die Figur?

Eine Frage, die viel Verwirrung auslösen kann und die in verschiedenen Theatertechniken sehr unterschiedlich beantwortet wird, ist: Gibt es überhaupt eine »Figur«? Oder bin ich immer nur »Ich« in verschiedenen vorgestellten Situationen?

Meiner Meinung nach hat jeder Mensch alle denkbaren Eigenschaften und Verhaltensweisen latent zur Verfügung. Die Spezies Mensch hat bestimmte Möglichkeiten, die alle Menschen in sich tragen. Auch wenn jede:r Einzelne viele davon in seinem ganzen Leben nicht einsetzt. Menschen können nicht fliegen, aber sie können lieben und hassen, zerstörerisch, gewalttätig und rücksichtslos sein, aber auch selbstlos und mutig. Jeder Mensch hat all diese Möglichkeiten und viele mehr. Was wir als unser »privates Ich« verstehen, sind die Eigenschaften und Verhaltensweisen, die wir für uns selbst typisch finden. Manchmal gibt es Situationen, in denen wir uns selbst kaum wiedererkennen, weil wir etwas Ungewohntes tun oder empfinden, aber meist sind wir relativ konstant damit, welche unserer Möglichkeiten wir nutzen und welche nicht. Einiges liegt uns einfach nicht, anderes haben wir noch nie gebraucht, manches lehnen wir als unmoralisch ab und tun unser Bestes, Impulse in dieser Richtung zu unterdrücken. Welche Eigenschaften wir entwickelt haben, hat viel damit zu tun, unter welchen Umständen wir aufgewachsen sind und was erlaubt, verboten oder hilfreich gewesen ist.

Stell dir den Menschen und seine Möglichkeiten als einen großen Kreis vor. Innerhalb des Kreises, der alles Menschenmögliche umfasst, gibt es einen kleineren Kreis, den du als dein Ich verstehst. Du nutzt nicht alle deine Möglichkeiten, sondern hast dich durch bewusste und unbewusste Entscheidungen mit einigen von ihnen eingerichtet. Das ist das, was du als deinen Charakter wahrnimmst. Die Figur, die du spielst, ist ein anderer Kreis im großen Kreis des Menschenmöglichen. Sie hat einen anderen Charakter, der aber ebenfalls innerhalb des Menschenmöglichen liegt, das du mit jedem Menschen teilst. Manchmal überschneiden sich dein Kreis und der der Figur sehr; sie ist dir sehr nah, aber niemals in allen Punkten mit dir identisch. Manchmal überschneiden sich die beiden Kreise kaum, dann benutzt die Figur eine Menge Möglichkeiten, die du im Privatleben nicht nutzt. Aber diese anderen Eigenschaften sind nicht außerhalb des Menschenmöglichen, also auch nicht außerhalb deiner Reichweite. Auch du hast diese Möglichkeiten. Sie sind nicht grundlegend fremd, nur ungewohnt. Wenn dein Leben sich radikal ändern würde, würdest du andere Verhaltensweisen und Eigenschaften an dir entdecken, sie würden zu deinem neuen Charakter werden, ohne dass du ein anderer Mensch geworden bist. Genauso verstehe ich die Verwandlung in eine Figur. Du spielst nicht einen fremden Menschen, sondern du aktivierst eigene Möglichkeiten, um einen Charakter zu erschaffen, der du auch sein *könntest.* Eine Variante deines eigenen Charakters. Das mag erschreckend klingen, wenn du eine Figur spielst, die entsetzliche Dinge tut, aber es ist schauspielerisch eine große Hilfe. Es erlaubt dir, bei dir zu bleiben und gleichzeitig Figuren zu spielen, die du als sehr verschieden von deinem privaten Ich empfindest. Such für solche Figuren besonders nach Handlungen, die für dich ungewohnt, unangenehm und fremd sind. Du musst dich nicht verwandeln, sondern solltest bewusst nach Handlungen suchen, die du privat vermeiden würdest, die sich aber für die Figur passend anfühlen.

Für die Aufnahmeprüfungen ist es jedoch nicht notwendig, Figuren zu spielen, die weit von dir entfernt sind und zu denen du nur schwer einen Zugang findest. Wenn du in deinen Szenen unterschiedliche Facetten deiner eigenen Persönlichkeit zeigst, kann das vollkommen ausreichen. Auch unser privater Charakter hat verschiedene Anteile. Du verhältst dich unterschiedlich, wenn du mit deinen Eltern, deinen Freund:innen, deinem Partner, deiner Partnerin oder Vorgesetzen sprichst. Du hast sozusagen verschiedene Rollen in deinem eigenen Repertoire.

Die Mechanik der Szene freilegen

Der nächste Punkt der Szenenanalyse, der in der Vorbereitung und den Proben untersucht werden sollte, ist der Aufbau der Szene. Wir klappen sozusagen die Motorhaube auf und schauen, wie das Ganze funktioniert. Welche Zahnräder fassen ineinander? Wo gibt es Verbindungen, Übergänge und notwendige Veränderungen? Wir legen frei, wie der Ablauf der Handlungen aussieht. Wenn wir die Mechanik der Szene freilegen wollen, suchen wir im Text nach den Momenten, wo sich etwas verändert. Und wir untersuchen, was dazwischen passiert, also auf welche Art eine Figur für eine bestimmte Zeit, einen Abschnitt, einen Bogen, versucht, ihr Ziel zu erreichen. Daran können wir erkennen, an welchen Punkten der Szene sich auf der Bühne etwas ändern muss – körperlich, räumlich oder im Tempo. Wo Pausen liegen und wo das Tempo zunimmt. Wo sich an den Positionen im Raum oder der Handlung, den Bewegungen etwas verändert.

Du kannst das im Proben auf der Bühne austesten. Oftmals wird ein Übergang, ein neuer Abschnitt in der Szene bei dir einen Bewegungsimpuls auslösen. Das sind Momente, in denen dir dein Instinkt sagt: »Ich sollte jetzt etwas anderes machen, die Position, das Tempo oder die Körperhaltung ändern.« Das kann ein guter Hinweis auf das Ende eines Abschnitts und den Beginn eines neuen sein.

Du kannst diese Arbeit aber auch am Tisch machen. Wichtig ist dabei, nicht auf die Abfolge von Gefühlszuständen zu schauen, sondern auf die Entwicklung des Konflikts und der Beziehung zwischen den Figuren. Das kann begleitet sein von einer emotionalen Veränderung, aber die Gefühle sind ein Nebenprodukt der Beziehung und der Situation, nicht der eigentliche Motor der Szene.

Für diese Arbeit gibt es in verschiedenen Schauspieltraditionen eine ganze Reihe von Methoden und unterschiedliche Begriffe. Eine Formulierung ist: »die Bögen« der Szene finden. Das bedeutet in etwa, wie lange ein Thema auf dieselbe Art behandelt wird. Oder wie lange eine Figur auf dieselbe Art versucht, ihr Ziel zu erreichen. Du kannst das im Text mit einem Bogen über den Sätzen markieren.

Ein anderer Begriff ist: »die Wendepunkte« finden. Das fokussiert sich mehr darauf, genau den Moment zu entdecken, an dem eine Veränderung stattfindet. Zum Beispiel, wenn eine Figur etwas Wichtiges erfährt, das sie vorher nicht wusste.

Ein russischer Schauspiellehrer hat mit uns im Studium eine Methode verwendet, die aus der Biomechanik kommt, also aus einer Körpertheatertradition. In der Biomechanik werden Bewegungen in drei Phasen unterteilt: die Vorbereitung, die Aktion und den Endpunkt. Dasselbe Modell hat er auf die Szenenanalyse angewendet und ich war beeindruckt, wie gut das funktioniert.

Zunächst suchen wir die Vorbereitung: Häufig ist das eine Aktion der anderen Figur in der Szene, der Moment, in dem deine Figur ihre Aktion wahrnimmt und bewertet. Dann schauen wir auf die Aktion: Also, was tut deine Figur nun, um ihrem Ziel oder Bedürfnis näherzukommen? Und wie lange tut sie das? Anschließend suchen wir den Endpunkt, wir schauen, wann die Figur diesen Versuch beendet oder wann er von außen beendet wird. Entweder weil deine Figur bekommen hat, was sie wollte oder weil ihre Taktik nicht aufgegangen ist und sie nun etwas anderes versuchen muss, um an ihr Ziel zu gelangen.

Dabei findet man auch die Bögen wieder: Vorbereitung, Aktion und Endpunkt sind jeweils ein Bogen. Die Wendepunkte sind ebenfalls zu finden. Sowohl die Vorbereitung als auch der Endpunkt sind Wendepunkte, wenn auch nicht immer ganz große. Was mir an dieser Betrachtungsweise gefällt, ist die Tatsache, dass es hier erkennbar verschiedene Wendepunkte für die verschiedenen Figuren gibt. Meine Vorbereitung ist dein Endpunkt und umgekehrt.

Du kannst die Szene auch aufteilen nach Themen, also: Wann wird das Thema gewechselt? Oder nach Handlungen: Wann beginnt und endet eine Handlung? Und man kann, besonders bei gut geschriebenen Texten, nach dem Rhythmus forschen. Häufig sind Rhythmuswechsel im Text Hinweise für einen neuen Abschnitt.

Wir gehen davon aus, dass jede Figur mit einem bestimmten Bedürfnis in die Szene startet, das sich auf ihr Gegenüber bezieht. Sie wünscht sich etwas von ihm. Auf der Grundlage der Beziehung zwischen den Figuren und ihrer Eigenheiten versucht die Figur, ihrem Bedürfnis oder Ziel näher zu kommen. Sie versucht, ihr Gegenüber dazu zu bringen, das zu tun, was sie sich von ihm wünscht. Innerhalb der Szene gibt es Augenblicke, in denen etwas passiert, was eine der Figuren dazu bringt, ihre Taktik, ihr Vorgehen zu verändern oder in denen sich die Beziehung der Figuren zueinander verändert. Es kann auch Momente geben, die dazu führen, dass eine Figur nicht nur ihre Taktik, sondern sogar ihr Ziel oder Bedürfnis verändert. Davon gibt es aber im ganzen Stück nur wenige, selten mehrere in einer Szene.

Wenn eine Szene beim Proben nicht funktioniert, ist es sinnvoll, sich die Mechanik noch einmal anzuschauen. Ignorierst du einen Wendepunkt? Oder hältst du einen Bogen nicht bis zum Ende durch? Fehlt dir der nächste Bewegungsimpuls, weil du den Moment nicht bemerkst, in dem deine Figur sich verändert oder etwas Neues über ihr Gegenüber erfährt?

Auch hier gilt: Es geht nicht um »die richtige«, sondern um *deine* Lösung, *deine* ganz persönliche Interpretation. Verschiedene Künstler:innen werden verschiedene Entscheidungen treffen und unterschiedliche Interpretationen finden! Es geht darum, die Mechanik aufzudecken, die in etwa die Geschichte des Stücks erzählt und die für dich am besten passt, die dich am meisten inspiriert.

Ich selbst arbeite bei der Szenenanalyse nicht nach einer bestimmten Methode, sondern mehr aus dem Bauch heraus und folge meinem Instinkt, sowohl in meiner eigenen Arbeit als auch beim Unterrichten. Meist finden wir so, wenn meine Schüler:innen den Text gemeinsam mit mir lesen, schon die wichtigsten Momente von Veränderungen. Und der Rest zeigt sich in den Bühnenproben. Aber ich finde es durchaus sinnvoll, verschiedene Methoden der Szenenanalyse auszuprobieren, um den eigenen Weg zu finden und ein Gefühl dafür zu bekommen, wie man Szenen »auseinandernehmen« kann.

Ganz wichtig ist es, den literaturwissenschaftlichen Blick, der oft den Deutschunterricht in der Schule bestimmt hat, zu vergessen! Es geht nicht darum, genau festzustellen, wie die Autor:innen sich etwas gedacht haben. Es geht darum, etwas Neues zu schaffen. Ein neues Kunstwerk, das mit dem Text als Material arbeitet. Deine Szene, deine Interpretation dieser Figur in dieser Szene ist das Ziel. Nicht die »richtig gespielte« Szene, die jeder und jede andere genauso gespielt hätte. Was soll das überhaupt sein? Und wie langweilig wäre unser Beruf, wenn das unsere Arbeit wäre! Leider sind viele Schauspielanfänger:innen durch unser Schulsystem und unsere Kultur extrem darauf getrimmt, keine Fehler zu machen. Das ist für Kunst und Schauspielerei absolut nicht sinnvoll! Nicht »die richtige Interpretation« ist das Ziel der Szenenanalyse, sondern das Sammeln von Ideen, von Inspiration!

5. Proben – die Form finden

Ein grundsätzlicher Tipp: Mach dir nach jeder Probe Notizen! Mit Bleistift am Rand des Textes, in einem Notizbuch oder digital, was immer für dich passt. Oft weißt du sonst bei der nächsten Probe nicht mehr genau, was der letzte Stand war oder vergisst eine schöne Idee. Außerdem helfen dir deine Notizen auf deiner »Vorsprechreise«, wenn du eine Szene für zwei Monate nicht gespielt hast.

Warum Fehler und Unsicherheiten dazugehören

Bevor du beginnst, solltest du dir eins klarmachen: Wir suchen in den Proben die Umsetzung der Abschnitte und der Mechanik der Szene in körperliche Handlungen auf der Bühne. Das ist unsere eigentliche künstlerische Arbeit. Und da es um Kunst geht, gibt es hier die größtmögliche Freiheit im Ausdruck! Das heißt: Alles ist möglich, alles ist erlaubt! Privat und persönlich kann und sollte da natürlich jede:r für sich die passenden Grenzen setzen.

Warum betone ich das? Viele der Schüler:innen, mit denen ich arbeite, scheuen sich sehr, etwas auszuprobieren. Sie versuchen, gleich beim ersten Proben eine fertige Lösung parat zu haben. Das ist nicht nötig! Es ist sogar völlig unnötig! Und nicht nur das, es ist kontraproduktiv! Proben heißen nicht zufällig so: Es geht ums Ausprobieren, ums Untersuchen, ums Testen, darum, Fehler zu machen und sich misszuverstehen. Um Versuch und Irrtum. Um Risiko und Mut, Verletzlichkeit und Unsicherheit. All das ist nicht *störend* fürs Proben, es ist *Teil* davon!

Es geht nicht darum, diese Dinge zu vermeiden, sondern darum, sich so mutig wie möglich hineinzuwerfen! Du musst dich nicht zuerst sicher fühlen, um proben zu können. Unsicherheit ist Teil des Probenprozesses! Sie gehört dazu! Wer nur das tut, wobei er sich nie unsicher fühlt, kann nichts Neues schaffen. So kann man nichts entdecken, nichts herausfinden. Kreativität entsteht nicht, wenn man das Scheitern von Ideen nicht als Teil der Arbeit ansieht.

Es hilft, sich die Proben als ein Experiment vorzustellen. Wissenschaftler:innen, die schon vor Beginn des Experiments ganz genau wissen, wie das Ergebnis aussehen soll und keine neuen Erkenntnisse zulassen, sind sehr schlechte Wissenschaftler:innen. Wir führen Experimente über Menschen und Beziehungen durch.

Schauspieler:innen müssen lernen, sich in der Unsicherheit *zu Hause* zu fühlen. Einer der besten Ratschläge, die mir ein Gastdozent in der Schauspielschule gegeben hat und den ich schon unzählige Male im Unterricht weitergegeben habe, ist:

> »Wenn du dich unwohl fühlst beim Proben, dann bleib dran! Nimm dieses Gefühl nicht als Stoppschild, so wie wir das im normalen Leben oft machen. Sieh es als Hinweisschild: Da geht es lang! Da ist etwas Interessantes! Da passiert etwas Ungewöhnliches mit mir! Etwas, das ich noch nicht so gut kenne. Etwas, das ich im normalen Leben vermeiden würde. Etwas, das mir Angst macht, das ich nicht unter Kontrolle habe. Prima! Bleib dran! Bleib genau da, halt es aus. Wenn du kannst, geh noch weiter. Verstärke es. Untersuche es. Schau, wohin es dich führt. Schau, was du noch entdecken kannst, wenn du weitergehst.«

Beim Proben gilt immer: ausprobieren, ausprobieren, ausprobieren! Es muss nicht beim ersten Mal stimmen. Du untersuchst die Szene und die Figur. Du suchst nach einer Form. Und je mehr du ausprobierst, desto mehr wirst du erfahren. Du wirst die Szene immer besser kennen, auch wenn du anfangs ganz viele Sachen findest, die nicht funktionieren. Auch das ist eine Art, sein Wissen über die Szene zu vermehren und auf weitere Ideen zu kommen. Bewerte deine Ideen nicht, bevor oder während du sie ausprobierst. Die Auswertung findet nach dem Ausprobieren statt und ihr Ziel ist nicht, herauszufinden, ob eine Idee gut oder schlecht war, sondern, ob sie für dich funktioniert!

Der Probenraum

Nachdem du so viel Vorarbeit geleistet hast, wie es sich für dich richtig anfühlt, ist es Zeit, auf die Bühne zu gehen und zu proben! Wenn du emotional heftige Szenen probst, kann es sein, dass du laut wirst, vielleicht wirst du auch große und heftige Bewegungen machen. Es wäre also gut, einen Probenraum zu haben, in dem beides kein Problem ist. Wenn du zu Hause probst, räume dir eine möglichst große Fläche frei und besprich dich vorher mit Mitbewohner:innen oder Nachbar:innen – oder probe, wenn niemand da ist. Noch besser ist es, wenn du dir einen speziellen Probenraum suchst. Es muss keine Bühne sein,

ein leerer Raum reicht aus, besonders, wenn du dort akustisch keine Sorge haben musst, jemanden zu stören. Es ist gut, wenn der Raum einigermaßen groß ist, er muss aber keine Bühnengröße haben. Es kann eine Sporthalle sein, eine Aula in der Schule oder ein Raum in einem Jugend- oder Stadtteilzentrum.

Warum finde ich das wichtig? Weil es schwer für dich sein kann, wirklich frei Dinge auszuprobieren, wenn du Angst hast, jemanden zu stören oder etwas kaputt zu machen. Außerdem kannst du oft konzentrierter arbeiten, wenn du nur eine begrenzte Zeit und einen klar definierten Raum zur Verfügung hast. Dann beginnst du nicht, stattdessen die Wäsche aufzuhängen.

Wenn du allein probst: Nimm dir so viel Zeit, wie dir guttut! Allein zu proben ist auch für viele professionelle Schauspieler:innen schwierig. Solange du Ideen hast und Dinge ausprobieren magst, probe weiter. Wenn dir nach ein bis zwei Stunden die Lust vergeht, hör mit gutem Gewissen auf. Ich glaube nicht, dass es viel bringt, sich zu langen Proben zu zwingen, wenn einem nichts mehr einfällt. Lass lieber das Ganze ein bisschen sacken, denk darüber nach, was funktioniert hat und was nicht und woran du beim nächsten Mal weiterarbeiten willst. Überleg dir weitere Dinge, die du ausprobieren kannst, such dir Inspiration oder schau dir den Text noch einmal genauer an. Schlaf darüber. Dann kannst du beim nächsten Mal wieder mit Lust weiterproben, anstatt Unmut und Unlust zu empfinden, wenn du an die nächste Probe denkst.

Es ist sinnvoll, genug Probenzeit einzuplanen und rechtzeitig anzufangen, damit du mit dem Gefühl guter Vorbereitung in die Vorsprechen gehen kannst. Es geht aber nicht um eine Fleißübung. Wenn du dich mit den Szenen wohl und sicher fühlst, ist es nicht hilfreich, sie zu »überproben«. Wenn die Szenen deiner Meinung nach fertig sind, dann probe sie nur noch ab und zu, um die Erinnerung wach zu halten. Du kannst auch direkt vor einer Prüfung die Szenen »italienisch« proben, das heißt in der Tradition der Commedia dell'Arte. Dabei sprichst du den Text ohne großen Ausdruck, gehst die Positionen und Handlungen ganz locker durch, um dem Körper die Gelegenheit zu geben, sich zu erinnern, ohne dass du dich verausgabst. Das geht auch während du im Flur auf dein Vorsprechen wartest, da alles nur angedeutet wird.

Wenn es ohne Unterstützung grundsätzlich nicht so gut vorangeht, such dir jemanden, mit dem du zusammenarbeiten kannst. Das können auch Freund:innen sein, die einfach nur zuschauen, wenn es für dich schwer ist, professionelle Hilfe zu bekommen. Theater ist eine Kunstform, die auf mehrere Menschen ausgelegt ist. Auch Chorsänger:innen können schwerlich komplett allein proben und werden in gemeinsamen Proben schneller vorankommen und genauer wissen, ob die Harmonien funktionieren.

Den Startpunkt finden

Wenn du mit dem Proben beginnst, kannst du auf die Bühne gehen und versuchen herauszufinden, welche Position im Raum sich für die Figur am Anfang der Szene richtig anfühlt. Wenn die Figur zu Beginn der Szene auftritt, frage dich, von wo würde sie kommen? Überleg dir dafür, was vor Beginn der Szene passiert ist, wo die Figur vorher war und wo sie jetzt ist. Was weißt du über den Raum? Was weißt du über die Situation zu Beginn der Szene, über die Beziehungen?

Es ist eine gute Idee, mit einem Auftritt zu beginnen, wenn es für die Szene möglich ist. Einige Räume, in denen Prüfungen stattfinden, haben eine Tür, eine Stellwand oder einen Vorhang, die sich dafür anbieten, andere nicht. Aber du kannst auch einen Auftritt darstellen, indem du mit dem Rücken zum Publikum stehst oder auf den Boden schaust und dich umdrehst oder den Kopf hebst, wenn du die Szene beginnst.

Ein Auftritt ist ein klarer Beginn deiner Szene. Das heißt, dass die Dozent:innen genau wissen, wann du anfängst. Sonst kann es passieren, dass sie grübeln: »Hat die Szene schon angefangen? Gehört das zur Szene oder ist das noch Vorbereitung?« Es kann auch passieren, dass die Prüfenden noch einen Schluck Kaffee trinken, etwas aufschreiben oder in deiner Vita lesen und plötzlich bemerken, dass du bereits begonnen hast. Dann haben sie vielleicht den Anfang deiner Szene verpasst und kommen unruhig und unkonzentriert ins Zuschauen. Da du möchtest, dass sie dir genau und mit viel Aufmerksamkeit zusehen, mach es ihnen so leicht wie möglich. Auch wenn deine Figur zu Beginn der Szene schon auf der Bühne ist, mach mit deiner Körperspannung oder dem Heben des Kopfes klar, wann die Szene beginnt.

Wenn du dich noch kurz aufwärmen oder konzentrieren möchtest, machst du das am besten, bevor du in die Startposition der Figur gehst. Für ein paar kurze Aufwärmbewegungen vor dem Spielen ist immer

Zeit, denn wenn es dir hilft, die Szene konzentriert anzufangen, ist das für alle das Beste.

Such beim Proben nach einem Ort im Raum, der für die Szene stimmig ist, nicht nach einem Ort, wo du dich ruhig und sicher fühlst. Schauspieler:innen sollten eher nach Spannung im Raum suchen, nicht nach Gelassenheit. Vermeide möglichst Orte, an denen keine räumliche Entwicklung mehr möglich ist. Zum Beispiel sind der Mittelpunkt oder die Mitte der Bühne vorn an der Rampe schwierig, denn wenn du dort beginnst, kann es schwer sein, diese Position wieder zu verlassen. Es ist auch möglich, aus dem Zuschauerraum anzufangen oder im Handstand an der Seitenwand oder unter einer Decke versteckt – was immer für deine Szene funktioniert.

Wo ist dein Gegenüber?

Eine wichtige Entscheidung für die Szene ist, wo du dir die andere Figur in der Szene denkst. Wir kommen hier auf die Frage zurück: Mit wem spricht die Figur? Und: Wo befinden sich die Figuren? Es ist vieles möglich und auch hier ist erst einmal alles erlaubt.

Du kannst das Publikum als »Anspielpartner« benutzen. Das bedeutet, dass du entweder einzelne Zuschauende oder das Publikum als Gruppe genauso direkt anspielst wie du deine Kolleg:innen auf der Bühne anspielen würdest. Natürlich werden diejenigen nicht mitspielen, aber du kannst ihre Blicke, ihr Schweigen oder Lächeln, ihre Energie als Reaktionen der anderen Figur benutzen. In manchen Prüfungen werden das die Dozent:innen sein, bei anderen Schulen kannst du auch Studierende oder andere Prüflinge »anspielen«, die mit im Zuschauerraum sitzen. Es ist mittlerweile eigentlich überall erlaubt, die Prüfenden anzuspielen. Bis vor Kurzem gab es ein bis zwei Schulen, die explizit darum gebeten haben, die Prüfungskommission nicht anzuspielen, aber auch diese haben ihre Haltung dazu in den letzten Jahren geändert. In vielen Schulen hat in den letzten zehn Jahren ein Generationenwechsel im Kollegium stattgefunden.

Falls du dich entscheidest, die Prüfungskommission anzuspielen und es passieren sollte, dass du gebeten wirst, das nicht zu tun, kannst du einen Punkt knapp über den Köpfen der Dozent:innen anspielen. Dann wirkt es so, als säßen sie in der ersten Reihe im Theater und wären zwar mitgemeint beim Anspielen des gesamten Publikums, aber sie fühlen sich nicht so beobachtet. Meist kommt diese Bitte übrigens von Lehrenden, die sich unwohl fühlen und sich nicht gut konzentrieren können, wenn sie direkt angespielt werden.

Ich rate meinen Schüler:innen bei vielen Szenen dazu, das Publikum als Partner zu benutzen.

Warum? Als ich im dritten Jahrgang des Schauspielstudiums mit in der Prüfungskommission saß, hat eine Dozentin immer wieder, wenn jemand zwar ganz gut gespielt hat, aber wir uns nicht hundertprozentig sicher waren, die Szene abgebrochen und gesagt: »Spielen Sie uns mal direkt an!« Das war oft ein großer Unterschied! In jedem Fall waren wir uns hinterher wesentlich sicherer, ob wir den Prüfling weiterlassen wollten oder nicht. Bei vielen war die Szene sofort besser, bei einigen spürten wir enorme Unsicherheit und sie wurden schlechter, bei anderen tat sich nichts, weil sie zwar in unsere Richtung schauten, uns aber nicht wirklich anspielten. In diesen Momenten habe ich gesehen, wie viel Energie es freisetzen kann, wenn die Vorsprechenden das Publikum als Partner benutzen. Und wie viel einfacher das Spielen sein kann, wenn man das tut! Denn dann hast du tatsächlich ein Gegenüber!

Es ist prinzipiell einfacher, mit einem realen Gegenüber zu spielen als mit einer imaginierten Person. Vor allem, weil du echte, wirklich vorhandene Impulse bekommst, mit denen du arbeiten, auf die du reagieren kannst. Das kann auch ein Nichtreagieren der Prüfenden sein. Du kannst dein Timing, deine Handlungsimpulse von deinem Gegenüber abnehmen, anstatt alles selbst herstellen zu müssen. Dabei ist es wichtig, wirklich offen zu sein für die Impulse der Zuschauenden, also deiner Anspielpartner:innen! Es funktioniert nicht, wenn du zwar hinschaust, aber dabei versuchst, dich nicht aus dem Konzept bringen zu lassen, denn so spielst du das Publikum nicht wirklich an und das merken die Zuschauenden. Dann spiele lieber einen leeren Stuhl an oder einen Fleck an der Wand. Wenn du dich nicht auf den Moment und dein Gegenüber einlassen kannst, fällt das sonst sehr deutlich auf.

Probiere aus, was für dich in der jeweiligen Szene am besten funktioniert. Und bedenke dabei, dass es nicht darum geht, herauszufinden, wann du dich am wenigsten verwundbar, am sichersten fühlst, sondern, was für die Situation am interessantesten ist.

Es gibt natürlich auch andere Möglichkeiten. Du kannst einen leeren Stuhl anspielen, den du dort hinstellst, wo du dein Gegenüber haben willst. Versuch dabei nicht, einen Kopf oberhalb der Stuhllehne anzuspielen, denn das ist kompliziert und führt zu einem seltsam leeren Blick, weil deine Augen sich auf nichts fokussieren können. Nimm dir einen Stuhl mit hoher Lehne und spiele die Oberkante der Lehne an. Das ist zwar nicht ganz realistisch, reicht aber für unsere Zwecke.

Du kannst auch einen Fleck an der Wand als Fokuspunkt benutzen oder einen Fensterrahmen, eine Säule, irgendetwas, wohin deine Augen leicht zurückfinden, damit das Publikum versteht, dass du immer mit der gleichen Person sprichst und du selbst nicht vom Suchen abgelenkt wirst. Meist ist es nicht nötig, die imaginierte Figur sich im Raum bewegen zu lassen. Wenn doch, kannst du das mit deinem Blick tun. Ich würde der Bewegung mit den Augen folgen, denn wenn du nur an einen anderen Ort schaust, denkt man, du sprichst mit einer zweiten Person.

Du kannst auch in den Zuschauerraum sehen, aber nicht direkt jemanden anspielen, sondern dein vorgestelltes Gegenüber seitlich oder hinter dem vorhandenen Publikum annehmen.

Oder du nimmst dir ein Requisit als Anspielpartner:in mit auf die Bühne. Das passt nicht für alle Szenen, kann aber gut funktionieren, insbesondere, wenn eine Szene körperliche Berührungen braucht. Mit einem Schüler habe ich die Mordszene aus Büchners *Woyzeck* gearbeitet, wobei er ein Kleid und einen Mantel als seine Marie angespielt hat. So konnte er sie im Arm halten, berühren und später ermorden. Es braucht genaue Arbeit bei den Proben, um Bewegungen zu finden, die für die Schauspieler:innen *und* die Zuschauenden funktionieren. Eine andere Schülerin hat für ihre Penthesilea einen großen Teddybären als toten Achill verwendet. Das hat wirklich gut funktioniert, sie konnte mit seiner Leiche interagieren und trotz des tendenziell lustigen Bildes wurde die Szene sehr berührend und traurig. Du kannst aber ebenso gut ein Requisit als Partner:in anspielen, das keine Ähnlichkeit mit einem Menschen hat: ein Stück Holz als Baby, eine Uhr als Partner, einen Schuh oder was immer dir einfällt.

Es gibt auch Szenen, die sich an einen Gott oder eine Statue richten. Oder Szenen, bei denen die Figur ganz offensichtlich allein ist, zum Beispiel in einer Gefängniszelle. Hier solltest du dir eine andere Lösung überlegen. Eine Statue kannst du auf die Bühne stellen, beispielsweise indem du einen Stuhl auf einen Tisch stellst, oder du kannst sie hinter dem Publikum annehmen. Oder du nimmst eine ganz kleine Statue mit und stellst sie an die Bühnenkante. Bei einer Szene im Gefängnis kannst du entweder die außerhalb der Zelle vorhandenen Menschen wie andere Gefangene oder die Wärter:innen, die dich hören können, anspielen. Oder die Figur spricht mit Menschen, die zwar nicht da sind, die sie sich aber vorstellt. Auch in diesem Fall kannst du entscheiden, wo du sie imaginierst, ob du das Publikum benutzt oder einen Stuhl, ein Buch, die Türklinke, das eigene Hemd oder oder oder …

Denk dir etwas aus, probiere es aus und finde heraus, was für dich am besten funktioniert.

Ein Punkt ist bei all diesen Überlegungen wichtig: Die Zuschauenden wollen dich sehen, ganz besonders dein Gesicht und deine Augen. Das heißt nicht, dass du nie wegschauen oder dem Publikum den Rücken zuwenden darfst. Auch das ist erlaubt und kann tolle Momente ergeben. Aber du solltest bei der Wahl, wohin du schaust, darauf achten, dass die meiste Zeit deine Augen zu sehen sind. Das heißt, dein Anspielpunkt sollte sich nicht im Hintergrund der Bühne befinden, sondern eher vorn, vor allem vor deiner Position, damit du in Richtung Publikum blickst und nicht nach hinten. Du solltest auch nicht längere Zeit stark nach unten oder oben schauen, denn dann sieht man deine Augen ebenfalls nicht mehr gut. Falls du allein probst, kann es sinnvoll sein, die Szene jemandem zu zeigen und zu fragen, ob zu verstehen ist, mit wem du sprichst, wo sich dein Gegenüber befindet und ob man dein Gesicht und deine Augen die meiste Zeit sehen kann. Dabei kann auch deine Frisur eine Rolle spielen. Vielleicht solltest du ein paar Haarklammern benutzen, damit deine Augen nicht ständig im Schatten sind.

Proben heißt Handlungen finden

Wenn du weißt, wo du beginnst und wo sich dein Gegenüber befindet, kannst du anfangen, Handlungen zu suchen. Das bedeutet, eine körperliche Form für den Inhalt und die Mechanik der Szene zu finden, also Bewegungen im Raum, Haltungen und Haltungswechsel, Timing.

Frage dich und untersuche: Was tut die Figur hier, um ihrem Ziel oder Bedürfnis näher zu kommen? Wann ändert sie ihre Taktik und warum – und was tut sie als Nächstes? Woran erkennt sie, ob sie gewinnt oder verliert? Ob sie ihrem Ziel näherkommt oder nicht?

Es gibt dabei unendlich viele Möglichkeiten! Ich kann dir also wenig Konkretes sagen, denn das ist die eigentliche künstlerische Arbeit, die in jeder Szene und mit jeder einzelnen Schauspielerin und jedem einzelnen Schauspieler einzigartig ist. Ich habe einige Szenen schon mit fünf oder zehn verschiedenen Schüler:innen gearbeitet und jedes Mal ist eine einzigartige Szene aus demselben Text entstanden, die sich nur für diesen Menschen in der Zusammenarbeit mit mir so entwickeln konnte. Mit einem anderen Gegenüber wäre sie anders geworden und vermutlich würde sie drei Jahre später wieder anders aussehen.

Sammle Ideen, probiere aus, riskiere Fehler und geh in die unbehaglichen Momente. Mit der Zeit sollten sich Handlungen und Wechsel herauskristallisieren, die für dich und die Szene funktionieren und die du später genauer festlegen kannst.

Es geht hier nicht darum: »Wie sage ich den Satz?« David Mamet nennt das in seinem Buch *Richtig und Falsch* »Sprechen mit verstellter Stimme«[4]. Es gibt eine Tradition im Theater, die jeden Satz daraufhin untersucht, wie man ihn sagt. Und das bedeutet meist, mit welchem emotionalen Ton man ihn anfüttert. Wenn man diese Art der Textgestaltung eher musikalisch und rhythmisch anlegt, kann es spannend sein – wie Michael Thalheimers, René Polleschs oder Einar Schleefs Inszenierungen, die daraus interessante künstlerische Stile entwickelt haben. Aber für ein eher realistisches, psychologisches Spiel, wie es die meisten Schulen tendenziell suchen und ausbilden – und das in unserer Theatertradition die Grundlage bildet, von der man sich in alle möglichen Richtungen bewegen kann –, ist diese Frage irrelevant und fast immer schädlich.

Als Anfänger:in ist es sinnvoller, nach Handlungen, Bewegungen und körperlichem Ausdruck zu suchen und die Stimme machen zu lassen, was sie will. Begib dich in die für deine Figur richtige Haltung, mit der passenden körperlichen Energie und sag den Satz. Oder schrei ihn, wenn das sinnvoller ist. Lautstärken kannst du in etwa festlegen, aber lass immer Variationen zu!

Handlungen statt Zustände

Pass beim Spielen auf, dass du nicht emotionale »Zustände« abarbeitest, sondern vorwärtsgerichtete Handlungen findest. Zustände heißt: Du versuchst, ein Gefühl nach dem anderen zu zeigen nach einer vor-

---

4 David Mamet: *Richtig und Falsch. Kleines Ketzerbrevier samt Common sense für Schauspieler*, Berlin: Alexander Verlag, 2003, S. 97.

her ausgedachten Logik. Die Abschnitte der Szene, die Sätze und Bewegungen werden mit einem ausgewählten Gefühl »eingefärbt«.

Das funktioniert nicht, denn es wirkt unecht. So verhalten wir uns im wahren Leben nicht. Gefühle sind Begleiterscheinungen von Handlungen, Situationen und Beziehungen. Sie entstehen durch ein Bedürfnis und bringen uns dazu, etwas zu tun. Gefühle sind nicht Zustände, in denen wir uns befinden und die nach einer Weile in andere Zustände kippen.

Im wahren Leben versuchen wir nur dann, jemandem ein Gefühl deutlich zu vermitteln, wenn wir ihn manipulieren wollen. Es ist kein Zeichen für ein echtes Gefühl, sondern für die Absicht, mit dem Zeigen von Gefühlen etwas zu erreichen. Genauso werden emotionale Zustände auch vom Publikum wahrgenommen. Entweder wirkt die Figur manipulativer als beabsichtigt oder die Zuschauenden fühlen sich von den Schauspieler:innen manipuliert. Das Publikum fühlt die Absicht, selbst wenn es sie nicht bewusst wahrnimmt. Versuch stattdessen, Handlungen zu finden, die emotional wirksam sind – für dich und die Zuschauenden.

Was ist Realismus oder – was ist erlaubt?

Oftmals sind die ersten Ideen, mit denen Schüler:innen in die Probe kommen, sehr vorsichtig, sehr realistisch oder alltäglich, sehr nah am Text. Das ist okay. Und manchmal ist es für eine Szene auch genau das Richtige. Aber oft kommen diese zaghaften Angebote aus dem Wunsch, nichts falsch zu machen und aus der Unsicherheit, was beim Spielen »erlaubt« ist.

Mein erster Rat, um mutiger zu werden in deinen Angeboten, ist: Geh ins Theater, in unterschiedliche mit möglichst verschiedenen Stilen! Schau dir auch Musik- und Tanztheater, Kunstinstallationen, Performances und Dokumentartheater an! Lote aus, was dir gefällt – es ist dein künstlerischer Instinkt, der da spricht. Was dich interessiert, ist auch erlaubt. Denn du suchst ja die Dozent:innen, die dir helfen können, *deinen* Weg zu gehen, *deine* Kunst zu entwickeln! Also brauchst du Lehrende, die ähnliche Theaterrichtungen mögen wie du!

Die staatlichen Schulen haben durchaus unterschiedliche Auffassungen über Theater und verschiedene Ausrichtungen. Du kannst dir auf den Internetseiten der Schulen einen Eindruck verschaffen oder zu

Aufführungen gehen, wenn du in der Nähe einer Hochschule wohnst. Aber letztendlich ist es weniger wichtig, wofür die Schule steht und »was die wollen«. Es ist wichtiger, dass du tust, was *für dich* stimmt. Dann kann es an der richtigen Schule mit den für dich passenden Dozent:innen klappen. Man kann oft vorher nicht sagen, wann und wo das sein wird. Es macht nicht viel Sinn, je nach Schule die Vorsprechszenen anzupassen. Der Geschmack kann sich von Dozent zu Dozentin unterscheiden! Ich habe erlebt wie in den letzten Jahren einige meiner Schüler:innen an der Hochschule für Schauspielkunst Ernst Busch und andere an der UdK angenommen worden sind – zwei Schulen, die für sehr verschiedene Traditionen stehen –, obwohl sich die Spielweisen dieser Schüler:innen nicht grundlegend voneinander unterschieden.

Wenn du dir angeschaut hast, was alles unter dem Label Theater möglich und erlaubt ist, denk auch einmal darüber nach, was eigentlich tatsächlich »realistisch« ist. Es geht im Kern darum, dass das, was wir auf der Bühne oder dem Bildschirm sehen, uns echt und glaubhaft erscheint. Wenn wir diesen Anspruch zu wörtlich nehmen, führt das meiner Meinung nach zu einem Pseudorealismus, der alles Extreme und Ausgefallene vermeidet. Aber das ist nicht sinnvoll. Wir zeigen fast immer Menschen in Ausnahmesituationen. Warum sollten sie sich also nicht extrem und außergewöhnlich verhalten? Damit meine ich vor allem den körperlichen Ausdruck. Es geht weniger um »extreme« Emotionen, sondern um das Eröffnen von Möglichkeiten der Gestaltung, von körperlicher Aktion und Darstellung, die nicht realistisch im Sinne von alltäglich sein muss.

Es gibt zwei Orte, an denen man hervorragend beobachten kann, wie sich Emotionen echt, direkt und körperlich zeigen, wenn Menschen ihren körperlichen Ausdruck nicht kontrollieren. In unserer Kultur ist das Zeigen von Gefühlen sehr schlecht angesehen und es wird sogar lobend erwähnt, wenn ein Mensch seine Trauer und seinen Schmerz auf einer Beerdigung nicht zeigt. Das steckt in uns allen, die wir in diesem Klima aufgewachsen sind – und es ist absolut kontraproduktiv für das Spielen! Als »Studienobjekte« für unmittelbaren körperlichen Ausdruck – was wir im Theater auch Durchlässigkeit nennen – eignen sich Kinder hervorragend. Sie haben die Unmittelbarkeit, die wir als Schauspieler:innen wiederfinden wollen. Vor allem Kleinkinder neigen dazu, jede Emotion direkt und sehr körperlich auszudrücken. Wenn man das, was sie da tun, als »realistisch« betrachtet – denn es ist ja ein absolut echter, grundlegend menschlicher Ausdruck von Emotion –, erweitert sich der Begriff Realismus beträchtlich von unserem kulturell-geprägten Alltagsrealismus. Man könnte sagen: »Ja, aber so verhalten sich erwachsene Menschen eben nicht.« Ich glaube, Menschen egal welchen Alters und zwar weltweit, können sich sehr wohl genauso verhalten. Nur werden die meisten Erwachsenen sich nicht wegen eines zerbrochenen Stifts oder eines heruntergefallenen Muffins weinend auf den Boden werfen. Aber in einer Extremsituation, wie es in Theater und Film oft der Fall ist, ist es durchaus möglich und realistisch.

Ein anderes interessantes Studienobjekt sind Fußballspieler:innen. Fußball ist ein Sport, der große Emotionen freisetzen kann. Wer Fußball spielt, ist körperlich sehr aktiv und muss auch »durchlässig« sein, um auf Bewegungen der Gegenspieler:innen instinktiv und direkt reagieren zu können. Fußballspieler:innen brauchen Offenheit, hohe Energie und müssen ihren Bewegungsimpulsen unmittelbar folgen, ganz ähnlich wie Schauspieler:innen. Dadurch kannst du, besonders in den entscheidenden Endspielen einer Weltmeisterschaft, sehr körperliche und »große« Äußerungen von Gefühlen beobachten. Und zwar auch von Erwachsenen. Bei einer Sache, die »nur ein Spiel« ist. Schau dir Spiele einmal daraufhin an, auch wenn du kein Interesse an Fußball hast. Besonders extrem sind meist die letzten Minuten eines Spiels oder auch ein Elfmeterschießen, wenn es ums Gewinnen oder Verlieren geht. Damit meine ich nicht eingeübten Jubel, wie es bei manchen Spieler:innen zu sehen ist, sondern unkontrollierte Momente von Freude, Triumph, aber auch Verzweiflung, Trauer, Wut und Resignation.

Interessanterweise unterscheiden sich Kleinkinder auf der ganzen Welt wenig in ihrem Verhalten. Babys eigentlich gar nicht. Die kulturellen Unterschiede zeigen sich erst, wenn Kinder älter werden und lernen, welches Verhalten von den sie umgebenden Erwachsenen als richtig und welches als falsch angesehen wird. Ich glaube, als Schauspieler:innen ist unsere Aufgabe, spielend dahin zu gehen, wo die allgemeingültigen menschlichen Erfahrungen zu finden sind. Natürlich kann sich das von Figur zu Figur unterschiedlich äußern und auch kulturell geprägt sein. Aber wenn man fragt »Was ist im Theater realistisch? Was ist erlaubt?« – dann ist die Antwort: »Alles, was menschenmöglich ist.« Erlaube dir also große Bewegungen und nichtalltägliche Äußerungen und Handlungen. Es ist selten so, dass man in

Aufnahmeprüfungen etwas sieht, das »zu groß« – zu extrem, zu ausgefallen, zu mutig – ist. Aber man sieht viele Szenen, die »zu klein« – zu verhalten, zu schüchtern – gespielt werden. Eine Kritik, die oft geäußert wird, ist: »Es hat leider nicht ganz gereicht.«

Mach lieber zu viel, spring auf einen Tisch anstatt nur den Kopf ein wenig zu heben, krieche auf dem Boden entlang anstatt dich nur zu bücken, schrei deinen Partner an anstatt nur leicht die Stimme zu heben. Deine Bewegungen, deine Aktionen können »übertrieben«, »überzogen« und nicht alltäglich sein. Solange du nicht Emotionen erzwingst, kann das alles vollkommen echt und authentisch wirken. Für die Regie ist es immer leichter, Schauspieler:innen zu bitten, etwas ein wenig zurückzunehmen, als sie aus der Reserve zu locken, wenn sie ängstlich und vorsichtig spielen. Außerdem kann man beim Vorsprechen nicht zuverlässig erkennen, ob eine Person versucht, realistisch zu spielen oder ob sie blockiert ist und sich nicht traut, dahin zu gehen, wo es spannend wird. Von jungen Schauspieler:innen erwartet man sowieso ein etwas übermotiviertes und überbordendes Spiel. »Lasst mich den Löwen auch spielen!«, wie Zettel in Shakespeares *Ein Sommernachtstraum* sagt.[5]

Wie genau soll ich festlegen?

Du musst für dich selbst herausfinden, wie viel Struktur du in deinen Szenen brauchst, wie viel dir guttut – für die jeweilige Szene und für diesen Moment in deiner schauspielerischen Entwicklung. Das kann sich durchaus in der Zeit, in der du zu Vorsprechen reist, verändern.

Ein gutes Bild für verschiedene Herangehensweisen hatte ein russischer Schauspiellehrer, der uns in der UdK für drei Wochen unterrichtet hat:

> »Wenn ich von Moskau nach Paris reise, dann kann ich die Reiseroute ganz unterschiedlich planen. Ich kann sagen: Ich fliege von Moskau nach Berlin und von Berlin weiter nach Paris. Dabei lege ich nur ganz wenig vorher fest. Ich werde aber

5 William Shakespeare: *Ein Sommernachtstraum*, 1. Aufzug, 2. Szene. Das vollständige Zitat lautet: »Laßt mich den Löwen auch spielen. Ich will brüllen, daß es einem Menschen im Leibe wohltun soll, mich zu hören. Ich will brüllen, daß der Herzog sagen soll: ›Noch'mal brüllen! Noch'mal brüllen!‹« (Übersetzung von August Wilhelm Schlegel).

> ankommen und habe auf der Reise sehr viel Freiheit, spontan zu reagieren. Oder ich sage: Ich stehe aus dem Bett auf, nehme meine Kleider aus dem Schrank, dusche und ziehe mich an. Dann frühstücke ich in der Küche und esse dabei zwei Eier und ein Brot und trinke eine Tasse Tee dazu. Danach nehme ich meinen Koffer und gehe aus der Tür. Ich schließe die Tür ab und gehe die Treppe hinunter. Unten grüße ich den Verkäufer vom Laden nebenan und gehe nach links die Straße hinunter bis zur Bushaltestelle … Auch so werde ich ankommen. Ich kenne wesentlich mehr Details im Vorhinein, kann aber nicht mehr ganz so spontan sein.«

Beide Extreme und alle Abstufungen dazwischen sind möglich, um eine Szene zu erarbeiten. Und bei beiden Extremen gibt es sowohl Vorgaben als auch Freiheiten. Wenn ich gar nicht weiß, wohin ich will und wo ich starte, wird die Reise schwierig. Aber auch, wenn ich jeden Schritt festlege, habe ich immer noch die Freiheit, *wie* ich den Schritt heute mache, wie das Timing einer Bewegung oder eines Satzes heute sein wird. Auch wenn du dazu neigst, sehr präzise festzulegen, solltest du dir diese Wachheit und Freiheit im Spiel bewahren. Sonst wirst du vermutlich nicht im Moment sein, nicht wirklich im Kontakt mit deinem Gegenüber und dem Publikum. Dann wird deine Szene weniger lebendig und interessant. Leg so genau fest, wie es dir guttut, aber nicht mehr. Die Inszenierung soll dir eine Hilfe sein, loszulassen und dich dem Moment hinzugeben. Sie soll kein starrer Rahmen sein, der dich beengt und im Augenblick des Spielens weniger frei sein lässt. Du kannst darauf achten, welche Ideen und festgelegten Handlungen dir immer von allein einfallen, weil sie folgerichtig sind, weil du sie brauchst, um die Situation voranzutreiben. Und welche du regelmäßig vergisst oder dich während des Spielens aktiv an sie erinnern musst. Diese sind wahrscheinlich überflüssig oder sie stimmen noch nicht ganz. Fang beim Proben damit an, die wesentlichen Dinge herauszufinden und festzulegen. Du kannst mit der Zeit feiner und genauer werden.

Wenn ich mit Schüler:innen Vorsprechszenen erarbeite, versuche ich immer, möglichst wenig festzulegen. Zum Teil, weil die Vorsprechsituation so vielen Variablen unterliegt: Du weißt vorher nicht, wie groß die Bühne oder der Probenraum ist, wie viele Menschen dir zuschauen und in welcher Stimmung sie sind. Du weißt nicht, wie die

Stühle und der Tisch aussehen, mit denen du spielen wirst. Du weißt nicht, wie deine Reise abläuft, ob du erschöpft und müde bist oder frisch und gut gelaunt. Aber auch, weil ich glaube, dass beim Vorsprechen Szenen gut ankommen, die Frische und Spontanität haben. Die wirken, als ob sie in diesem Moment entstehen, nicht als ob sie in akribischer Feinarbeit lange mit einem sehr peniblen Regisseur erarbeitet worden sind. Die Dozent:innen wollen ja die potentiellen Student:innen kennenlernen, nicht die Inszenierung irgendeiner Schauspiellehrerin! Solange dir die Inszenierung hilft, dich freier zu fühlen, weiter zu gehen, mutiger zu sein, kann sie dir helfen, genau dieses Gefühl von Spielfreude, Freiheit und Spontanität herzustellen. Aber mach sie nicht zu einer Fessel für dein Spiel. Finde für dich selbst heraus, was für dich in jeder Szene am besten funktioniert!

Aber was ist mit den Gefühlen?

Mein Rat ist: Denk nicht darüber nach, was die Figur wann fühlt! Leg das nicht fest! Lass die echten Gefühle in dir hochkommen, wie sie wollen, während du dich auf die Handlungen konzentrierst.

Dabei ist es von Vorteil, dass wir als Schauspieler:innen, wenn wir auf die Bühne gehen, immer eine gewisse Aufregung und Unsicherheit spüren, besonders natürlich im Vorsprechen. Das heißt, du wirst niemals frei von Gefühlen sein. Die realen Gefühle wie Aufregung, Unsicherheit, Angst, Verletzlichkeit, aber auch Vorfreude, Kribbeln im Bauch, Mut und Spielfreude entsprechen ganz von allein in etwa denen, die die meisten Figuren in Theaterszenen haben. Unsere echten, bereits vorhandenen Gefühle sind also hervorragendes Material zum Spielen! Du musst diese Gefühle weder loswerden noch verändern. Du kannst sie benutzen und durch körperliche Handlungen kanalisieren, so dass sie denen der Figur in der Situation in etwa entsprechen. Wenn du Handlungen suchst, solltest du genau danach suchen: »Bringt mich diese Handlung an dieser Stelle verlässlich in eine Stimmung, die passend ist?« Es geht nicht um »das genau richtige Gefühl«, denn es wird an jedem Tag ein bisschen anders sein.

Du kannst es dir ungefähr so vorstellen: Für ein erstes Date würdest du versuchen, Dinge zu unternehmen, die dazu führen, dass man sich miteinander wohlfühlt. Das wird für jede:n etwas anderes sein: Der eine macht vielleicht ein Picknick im Park, die andere geht auf eine

Motorradtour oder fährt Autoscooter auf dem Jahrmarkt, der nächste geht essen oder in einen Club, um die Nacht durchzutanzen. All diese Handlungen werden sich auf deine Stimmung und die deines Gegenübers auswirken. Wenn du aber einen neuen Mitbewohner suchst oder deine zukünftige Chefin triffst, wirst du andere Handlungen für euer Treffen planen. Und es wird eine andere Stimmung entstehen.

Derselbe Instinkt für Emotionen und Handlungen kann dich beim Proben leiten. Probiere Dinge aus. Sei dabei mutig. Schau, was mit dir passiert und ob sich die Aktion passend anfühlt. Wiederhole das Ganze. Wenn etwas wiederholt ähnliche Stimmungen hervorruft, leg die Aktion fest. Aber versuch nicht, deine Gefühle zu erzwingen. Gefühle lassen sich nicht zwingen, nur locken.

Außerdem, auch wenn es unglaublich klingt, bin ich der festen Überzeugung, dass intensive Gefühle der Schauspieler:innen beim Spielen nicht notwendig sind. Das habe ich lange Zeit selbst nicht geglaubt. Ich dachte, wie viele meiner Schüler:innen, wenn *ich* ein intensives Gefühl habe beim Spielen, überträgt sich das auf die Zuschauenden und sie werden es mitfühlen. Das heißt, je intensiver die eigenen Gefühle beim Spielen sind, desto stärker ist auch das Erlebnis der Zuschauenden. Meiner Meinung nach ist diese Annahme ein Irrtum. Wieso glaube ich das? Weil ich selbst die Erfahrung gemacht habe, dass Zuschauende (und auch Professor:innen an der Schauspielschule) mir Rückmeldungen darüber gegeben haben, ob eine Vorstellung sie besonders berührt hat oder nicht und diese sich absolut nicht mit meinem Eindruck von »Drin-Sein« gedeckt haben. Und oft auch nicht mit der Meinung anderer Dozent:innen. Meine Erklärung dafür ist, dass Gefühle im Zuschauenden auf anderem Wege entstehen, nicht dadurch, dass sie die Gefühle der Schauspieler:innen mitempfinden.

Um das zu erklären, wenden wir uns einer Theorie aus der Neurowissenschaft zu.

Abschweifung – Spiegelneuronen

Spiegelneuronen sind Bereiche in unserem Gehirn, die uns ermöglichen, Gefühle anderer Menschen zu erkennen. Sie sind für uns als soziale Spezies lebenswichtig. Sowohl für das Erkennen dessen, was ein Kind braucht, das noch nicht sprechen kann, als auch im Umgang mit anderen erwachsenen Menschen. Wir brauchen diese Fähigkeit für Beziehungen sowie als Warnmechanismus. Wenn einen in der U-Bahn ein Gefühl von Gefahr oder Anspannung beschleicht, warnen uns die Spiegelneuronen auf einer unbewussten Ebene. Ihr Name geht darauf zurück, dass sie uns erlauben, andere Menschen zu spiegeln, um zu erkennen, was in ihnen vorgeht. Das ist kein intellektueller Vorgang und auch kein rein emotionaler, sondern wir spiegeln andere Menschen körperlich. Das heißt, in unserem eigenen Körper werden beispielsweise beim Fußballschauen dieselben Bereiche im Hirn und auch dieselben Muskeln aktiviert wie bei den Spieler:innen, die wir beobachten. Wir schießen also quasi alle den Elfmeter mit. Innerlich. Man kann es auf einem Springreitturnier gut beobachten. Auf den Zuschauersitzen erheben sich viele Leute, die selbst reiten und die Bewegungsabläufe kennen, im Moment des Sprungs auf ihren Sitzen genau wie die Reiter:innen auf den Pferden. So stark arbeiten die Spiegelneuronen in unserem Hirn. Wir machen mit. Es gibt wissenschaftliche Diskussionen darüber, ob und wie das mit Empathie zusammenhängt, aber als Arbeitshypothese für Schauspieler:innen funktioniert es meiner Meinung nach hervorragend. Das Einfühlen der Zuschauenden entsteht über das innerliche Mitmachen der Bewegungen der Schauspieler:innen.

Es gilt aber auch das Gegenteil: Vermutlich hat jeder und jede von uns schon erlebt, dass unsere Freunde, Familie und Partnerinnen nicht immer bemerken, wie es uns geht. Auch in einer engen Beziehung sind wir manchmal völlig verwundert darüber, dass unser Gegenüber trotz heftiger Gefühle eben nicht sieht und spürt, wie wir uns fühlen. Das heißt, selbst diejenigen, die dir am nächsten sind, können deine Gefühle nicht zuverlässig erkennen, wenn du sie nicht zeigst.

Deshalb bin ich der Überzeugung: Zuschauer:innen empfinden nicht automatisch die Gefühle der Schauspieler:innen mit. Das heißt: Wenn Schauspieler:innen dastehen und nur fühlen, überträgt sich erst einmal: nichts. Wenn wir aber passende Bewegungen gefunden haben, erreicht das Gefühl die Zuschauenden, weil sie diese Bewegungen innerlich mitmachen. Und das unabhängig davon, ob das Gefühl der Schauspieler:innen im Moment des Spielens besonders stark ist oder nicht.

Das klingt für viele zunächst sehr ungewohnt und sogar unglaublich. Anfangs war es das für mich übrigens auch. Ich habe eine ganze

Weile damit verbracht, diese These in meiner Arbeit genauer zu untersuchen, bevor ich daran glauben konnte.

Ich will dich nicht hier und jetzt davon überzeugen, dass ich recht habe. Aber ich möchte dich ermutigen, diese These einmal auszuprobieren und selbst herauszufinden, ob diese Herangehensweise für dich und deine künstlerische Arbeit hilfreich ist. Ich habe im Unterricht noch nicht erlebt, dass diese Arbeitsweise nicht funktioniert hätte. Aber meiner Meinung nach gibt es keine absoluten Wahrheiten, besonders in der Kunst.

Doch was wäre, wenn du nichts fühlen *musst*, um gut zu spielen? Was wäre, wenn du für die Intensität der Gefühle der Zuschauenden nicht verantwortlich bist, sondern nur eine Art Tanz anbietest, den sie selbst sehen und erleben können? Meiner Erfahrung nach kann diese Einstellung unglaublich viel Freiheit geben, Spielfreude und Gelassenheit. Sie kann helfen, sich auf die eigentliche Arbeit zu konzentrieren, nämlich auf das Finden einer passenden Form für die Szene.

Improvisation und Partnerarbeit

Eine Herausforderung in vielen Endrunden, die bei der Vorbereitung der Rollen nicht vorkommt, ist das Improvisieren. Ich kann dir nur raten, es zu üben. Denn wenn es irgendwann mit dem Weiterkommen klappt und du von den Anforderungen der weiteren Runden komplett überfordert bist, wirst du dich ärgern. Such dir eine Gruppe oder ein paar Workshops, in denen du das Improvisieren üben kannst. Oder schließe dich mit ein paar Freund:innen zusammen, du brauchst nicht unbedingt einen Schauspielcoach dafür. Das wichtigste ist: Machen! Improvisieren sollte selbstverständlich werden. Prüfungsdruck hast du ohnehin genug, aber wenn bereits das Improvisieren an sich Angst auslöst, wird es schwierig.

Eine meiner Schülerinnen hat mir mit ihrer wunderbaren Art des Improvisierens klar gemacht, dass ein simples Mittel sehr hilfreich sein kann: Berührt euch! Das ist der einfachste Weg, eine intensive und interessante Situation mit Mitspieler:innen zu schaffen. Oftmals scheuen Schauspielanfänger:innen den direkten, körperlichen Kontakt zu Fremden. Das ist verständlich und im Privatleben sicher sinnvoll. Aber fürs Miteinanderspielen ist es ein unglaublich starkes, einfaches Werkzeug, um direkt und schnell eine Beziehung herzustellen.

Sei so mutig wie möglich, bei Improvisationen, ganz besonders in den Prüfungen, in den Körperkontakt zu gehen. Natürlich ohne euch gegenseitig wehzutun. Übe das in einer Theatergruppe oder mit Freund:innen, damit es dir in der Prüfung leichtfällt.

Außerdem neigen wir mit unserem kulturellen Hintergrund dazu, beim Improvisieren zu viel mit Sprache zu arbeiten und uns eine witzige Story ausdenken zu wollen. Doch dadurch sind wir nur im Kopf und nicht im Körper. Und somit auch nicht im Kontakt mit dem Gegenüber und nicht im Moment. Die einfachste Lösung dafür: Berührt euch. Und nicht nur mit vorsichtig ausgestreckten Fingerspitzen. Kommt euch nah. Spielt körperlich miteinander. Und geht danach wieder auf große Distanz. Ihr sollt nicht aneinanderkleben. Es geht darum, bestimmte Grenzen von Höflichkeit zu durchbrechen, damit ihr in einen intensiven und interessanten Kontakt kommen könnt.

Außerdem sind Improvisationen eine gute Möglichkeit, deine Muster, Ängste und Vermeidungsstrategien zu bemerken und zu bearbeiten. Was macht dir Angst? Wovor schreckst du zurück? Wann weichst du aus? In welche Muster rettest du dich immer wieder? Versuch, das herauszufinden und nutze das Improvisieren, um deine Grenzen zu erweitern.

Gut singen ist schön, aber nicht notwendig

Es gibt außer den Szenen auch noch anderes, auf das du dich vorbereiten kannst. Einige Schulen möchten noch ein Lied oder Gedicht hören, andere eine selbsterfundene Szene. Und es kommen hoffentlich die weiteren Runden der Prüfung auf dich zu!

Bei der Aufnahmeprüfung kommt es nicht darauf an, wie gut du singst! Absolut nicht. Wenn eine Schauspielerin gut singen kann, ist das schön. Aber es ist nicht notwendig. Wenn deine Singstimme wacklig ist, obwohl du hörst, ob ein Ton sauber ist oder nicht, ist das kein Problem. Im Schauspielstudium wirst du genug Stimmtraining bekommen, um sicher zu werden. Und wenn du tatsächlich unmusikalisch bist und nicht hörst, ob du sauber singst oder nicht, ist das auch kein Problem. Du solltest vor allem lernen, ein Lied gut zu »verkaufen«. Nicht jeder Kollege ist musikalisch und nicht jede Kollegin hat eine schöne Singstimme, aber selbst bei einem Liederabend findet man dafür eine Lösung. Am besten machst du dir über das »schöne«

Singen keine weiteren Gedanken. Für die Prüfung kann es sogar schädlich sein, wenn es dich von der eigentlichen Aufgabe ablenkt. Die Aufgabe im Vorsprechen ist: Sing dein Lied als Schauspieler:in! Gestalte das Lied genauso wie du einen anderen Text gestalten würdest! Schauspielerisch, nicht in erster Linie musikalisch.

Such dir ein Lied aus, das dir etwas bedeutet, dich berührt oder amüsiert. Überleg dir eine Situation und ein Gegenüber, genau wie bei deinen Szenen. Du kannst dir auch Gedanken über die Figur machen, oft ist das aber nicht nötig und du kannst einfach von dir ausgehen. Danach entscheide, ob du mit einem Kostüm und Requisiten arbeiten möchtest. Bedenke dabei, dass in den Prüfungen für das Lied oft keine Zeit für einen Kostümwechsel und Umbau eingeplant ist. Halte es also möglichst simpel. Entscheide dich, wo du singen willst. Du kannst dich in die Mitte der Bühne stellen, dir aber auch eine andere Position im Raum suchen. Du kannst dich an, auf oder unter einen Tisch setzen, auf dem Boden sitzen oder liegen oder dich an die Wand lehnen. Du kannst dich auch während des Singens im Raum bewegen: Du kannst die Position ändern, näher zum Publikum kommen oder weiter weg gehen. Es geht nicht darum, eine Bühnenshow zu inszenieren wie bei einem Musical. Such nach einer schauspielerischen Lösung. Natürlich kannst du auch einen Sänger oder eine Sängerin spielen, aber das sollte zu dem Lied passen.

Wenn du ein Instrument spielst, dich damit wohl und sicher fühlst, kann es sehr schön sein, wenn du dich selbst begleitest. Tu das aber nicht, wenn es für dich zusätzlichen Stress bedeutet. Es ist vollkommen in Ordnung, a cappella zu singen, also ohne jede Begleitung. Über eine Musik aus der Konserve solltest du genau nachdenken. Da eine Aufnahme, auch wenn du sie selbst erstellt hast, nicht live ist, kann sie dich einschränken, denn du musst dich mehr nach dem Timing der Musik richten als nach deinem spontanen Gefühl. Dazu kommen eventuelle technische Probleme. Besonders, wenn du dich mit dem Singen nicht so sicher fühlst, rate ich davon ab. Es ist aber selbstverständlich möglich, wenn es für dich gut funktioniert.

Wenn du gern und viel singst, such dir ein bis zwei Lieder aus, die du magst. Achte darauf, dass du dich auf den Inhalt der Worte konzentrierst, nicht auf die Melodie. Das kann dir schwerfallen, besonders, wenn du das sonst beim Singen anders machst. Es kann helfen, wenn du den Text zuerst sprichst, um dir klar zu machen, worum es eigentlich geht. Achte darauf, wo du beim Sprechen Pausen machst, wenn du frei vom Rhythmus der Musik bist. Versuch, diesen Rhythmus in das gesungene Lied zu übernehmen. Konzentriere dich beim Singen auf dein Gegenüber, eure Beziehung und das Bedürfnis deiner Figur, nicht auf einen schönen Klang.

Wenn du ungern singst und dich dabei unsicher fühlst, such dir ein Lied, das für dich möglichst einfach ist. Du kannst dich bei Sänger:innen umsehen, die selbst mehr sprechen als singen, wie zum Beispiel Hildegard Knef, Marlene Dietrich, Zarah Leander. Auch Tim Fischer hat ein großes Repertoire von Liedern, die sich gut eignen.

Natürlich kannst du außerdem bei Brecht suchen, er hat ja für Schauspieler:innen geschrieben. Ob die Lieder leicht zu singen sind, unterscheidet sich sehr, je nach Komponist. Auch Schlager und moderne deutsche Songs sind möglich. Achte aber darauf, ob sie ohne Musikbegleitung funktionieren. Das ist nicht immer der Fall. Gut geeignet sind außerdem Volkslieder. Wenn du eine andere Muttersprache hast, kannst du ein Lied in deiner Muttersprache anbieten.

Was ist mit englischen Liedern? Viele Schulen hören lieber Lieder auf Deutsch – oder in deiner Muttersprache –, denn es geht ja um die Gestaltung des Textes. Für die meisten Prüflinge ist es leichter, sich bei Texten in der eigenen Sprache mehr auf die Bedeutung als auf den Klang zu konzentrieren. Wenn du trotzdem ein fremdsprachiges Lied singen möchtest, dann tu es. Aber ich empfehle dir, ein zweites auf Deutsch vorzubereiten. Denn einige Prüfer:innen möchten dein Lied vielleicht sonst gar nicht hören und das wäre schade, besonders, wenn du gern singst.

Gedichte

Da Gedichte selten abgefragt werden, solltest du nicht allzu viel Arbeit in diesen Punkt deines Programms stecken. Ich rate, sich ein einfaches und kurzes Gedicht auszusuchen. Gut geeignet sind zum Beispiel Gedichte von Christian Morgenstern, Joachim Ringelnatz, Mascha Kaléko, Erich Fried, Bertolt Brecht, Erich Kästner und Kurt Tucholsky. Du kannst auch den Text eines deutschsprachigen Liedes verwenden. Es kann allerdings schwer sein, es normal zu sprechen, wenn du die Melodie und den Rhythmus des Liedes zu genau im Kopf hast. Für die Gestaltung gilt dasselbe wie bei den Liedern. Inszeniere keine aufwändige Szene, aber erarbeite den Text als etwas,

was eine Figur zu einem Gegenüber sagt, um ein inneres Bedürfnis erfüllt zu bekommen.

Es ist möglich, dass du in der Prüfung gebeten wirst, dich in die Mitte der Bühne zu stellen und die ganze Inszenierung wegzulassen. Dann sprich den Text trotzdem so, wie du es als Figur tun würdest. Verändere nur die Position und die Bewegungen im Raum. Es kann sein, dass die Prüfer:innen sich im Moment ganz auf deine Stimme konzentrieren wollen oder dich wesentlich purer erleben möchten. Verstehe das nicht als Kritik an deiner Gestaltung. Es kommt ihnen gerade auf etwas anderes an.

Selbsterfundene Szenen – was heißt das überhaupt?

Seit einigen Jahren wünschen sich immer mehr Schulen von den Vorsprechenden selbstentwickelte, selbsterfundene Szenen. Die meisten formulieren es so, einige sagen aber auch: eine »selbstgeschriebene« Szene. Es geht nun nicht darum, dass du als Autor oder Autorin arbeiten sollst. Wenn du gern schreibst, kannst du das natürlich tun. Aber das ist nicht die Aufgabe. Es geht darum, den Prüflingen eine Möglichkeit zu geben, ihre eigene Kreativität und ihre eigene Vorstellung von Theater noch stärker zu zeigen als bei vorgegebenen Texten, denn dabei gibt es ja kaum Grenzen. Mein Eindruck beim Anschauen von selbsterfundenen Szenen ist, dass man den Menschen, den Künstler oder die Künstlerin und seine oder ihre Persönlichkeit noch genauer kennenlernt als in anderen Szenen. Du kannst eine Geschichte oder ein Erlebnis erzählen, das dir wichtig, das komisch oder berührend ist. Überleg dir eine konkrete Situation, in der du erzählst, kläre für dich die Beziehung zum Gegenüber und das Ziel der Figur. Du kannst dir auch eine Spielsituation ausdenken, etwas, das innerhalb von drei bis fünf Minuten passieren kann und für dich interessant ist. Du kannst dich an Situationen aus Romanen, Liedern oder Gedichten orientieren, die du magst und sie als Grundlage für deine eigene Szene verwenden, ohne den Text zu benutzen. Deine Szene braucht nicht viel Text. Auch Szenen mit gar keinem oder nur ein paar Zeilen Text können sehr gut werden.

Versuch nicht, gleich die eine geniale Idee zu finden, damit machst du es dir unnötig schwer. Schreib über ein paar Tage Ideen, Themen, Situationen, Textstellen, Kostüme oder Requisiten auf und sortiere nach einer Weile, was du ausprobieren möchtest. Nimm dir etwas Zeit und probiere herum. Meist bemerkst du dabei schnell, welche Ideen funktionieren und welche nicht. Wenn nichts funktioniert, nimm dir noch ein paar Tage Zeit für ein neues Brainstorming.

Wichtig ist für deine eigene Szene, dass du einen guten Anfang und ein klares Ende findest. Den Mittelteil kannst du auch improvisieren, aber es hilft dir, wenn du klar beginnen und wieder gut aus der Szene herausfinden kannst. Sonst kann es sein, dass eine gute Szene leidet, weil sie zu langsam losgeht oder du den Absprung nicht findest. Eine fast improvisiert wirkende Szene ist oft sehr schön, weil sie besonders direkt und persönlich erscheint. Aber auch hier gilt: Du entscheidest, was dir am besten gefällt.

Was tun bei Online-Vorsprechen? In die Tiefe spielen!

In der Corona-Zeit haben viele Schauspielschulen ihre Vorsprechen umgestellt und sie entweder per Zoom-Konferenz oder mit eingesendeten Videos gemacht. Andere Schulen haben die Bewerbungen ausgesetzt, weil sie mit diesen Möglichkeiten unzufrieden waren. Ob sich diese Online-Vorsprechen als Möglichkeit für die Aufnahmeprüfungen halten werden oder nicht, ist noch nicht absehbar. Allerdings habe ich den Eindruck, dass die meisten Schulen mit dieser Variante nicht glücklich sind und so bald wie möglich wieder zu den klassischen Vorsprechen zurückkehren werden.

Es gibt Online-Vorsprechen natürlich schon länger, vor allem für kleinere Theaterproduktionen, wenn man jemanden sehen möchte, der nicht vor Ort ist und es kein Budget für Anfahrten gibt. Das stellt allerdings im Theaterbetrieb noch immer die Ausnahme dar, weil das persönliche Kennenlernen zu kurz kommt und Theaterszenen oft nicht für die Kamera geeignet sind.

Ich selbst habe in der Corona-Zeit mit einigen Schüler:innen Szenen für diese Form der Vorsprechen erarbeitet oder umgearbeitet. Dabei sind mir einige Dinge aufgefallen, die dir helfen können, falls du in die Situation eines Online-Vorsprechens kommen solltest. Der wichtigste Faktor bei der Umsetzung von Theaterszenen für die Kamera ist, sich klarzumachen, dass Theaterinszenierungen normalerweise »in die Breite« gespielt werden, während vor der Kamera »in die Tiefe« inszeniert wird.

Was heißt das? Im Theater sitzen die Zuschauenden normalerweise so weit weg, dass sie die gesamte Bühne im Blick haben. Das heißt, während ein Schauspieler im Vordergrund der Bühne auf der rechten Seite seine Szene spielt, sehen wir gleichzeitig auch die Kolleg:innen links im Hintergrund der Bühne. Wir überblicken die Bühne und können als Zuschauende selbst entscheiden, auf welchen Teil der Inszenierung wir uns fokussieren.

Deshalb müssen Theaterschauspieler:innen, während eine Kollegin einen wichtigen Monolog hält, darauf achten, den Fokus nicht von ihr wegzuziehen. Beim Theater sind es die Schauspieler:innen auf der Bühne und das Licht, die den Blick der Zuschauenden lenken und fokussieren. Gleichzeitig kann jede:r immer selbst entscheiden, auf das zu blicken, was nicht im Fokus ist oder hin- und herzuwechseln. Häufig werden Inszenierungen so angelegt, dass mehrere Ebenen gleichzeitig erzählt werden und wir die gesamte Breite der Bühne für das Spiel nutzen.

Auch bei Monologen bewegen wir uns oftmals »in die Breite«, wir gehen von hinten links nach vorn rechts und umgekehrt. Selten werden Theaterszenen so inszeniert, dass ausschließlich Bewegungen nach vorn und hinten stattfindet. Denn vor allem auf kleineren Bühnen wirken diese nicht besonders stark, denn die Wege erscheinen kürzer als sie in Wirklichkeit sind. Bewegungen, die die Breite der Bühne ausnutzen, wirken stärker und größer.

Vor der Kamera gilt genau das Gegenteil: Die Kamera bildet nur einen kleinen Ausschnitt des Raums ab. Und häufig ist sie relativ nah an den Darstellenden, damit man ihren Gesichtsausdruck erkennen kann. Die Kamera lenkt den Blick. Was nicht in ihrem Fokus ist, findet nicht statt. Der Zuschauende hat nicht die Möglichkeit, selbst zu entscheiden, auf welche Figur er oder sie zu welcher Zeit schauen möchte. Das entscheiden Kamera, Regie und Schnitt

Richtig weite Bilder sind in Filmen selten. Wenn wir einen wirklich großen Ausschnitt einer Landschaft oder eines Raums sehen, sind das besondere Momente oder ein spezieller Stil und meist werden diese Bilder nicht allzu lange gehalten. Denn anders als unsere Augen sind Kameras nicht in der Lage, sowohl den gesamten Raum zu zeigen oder wahrzunehmen als auch sich gleichzeitig auf ein Gesicht zu fokussieren. Unser Blickwinkel ist weiter als der einer Kamera und wir können die Peripherie unseres Gesichtsfeldes wahrnehmen, ohne darauf zu fokussieren. Wir können auch wesentlich schneller den Fokus unseres

Blicks verändern, unterschiedliche Dinge im Blickfeld scharf stellen und hin- und herspringen, ohne dass uns dabei schlecht wird.

Auf diese Einschränkung muss eine Inszenierung für die Kamera sich einstellen. So inszeniert man vor der Kamera in die Tiefe des Raums. Wenn die Zuschauenden mehrere Sachen sehen sollen, müssen sie dicht nebeneinander in derselben Achse stattfinden. Und je näher die Kamera bei den Schauspieler:innen ist, desto näher beieinander müssen sie sein. Deshalb erzählt man im Film häufig mit Einstellungen, bei denen wir einer Figur über die Schulter sehen.

Wenn du nun eine Theaterszene für die Kamera erarbeitest oder umarbeitest, musst du versuchen, die Bewegungen, die »Gänge«, die du haben möchtest, nicht in die Breite der Bühne gehen zu lassen, sondern in die Tiefe. Versuch, eine Position für die Kamera zu finden, bei der du nah heran und auch weiter weg gehen kannst, ohne aus dem Bild zu geraten. Entweder positionierst du die Kamera so, dass sie genau dein Gesicht in Nahaufnahme zeigt, wenn du direkt davorstehst – so nah wie du gehen möchtest –, dich aber auch gut zeigt, wenn du weiter nach hinten gehst, so dass man die Gelegenheit hat, dich mit deinem ganzen Körper spielen zu sehen. Oder du positionierst die Kamera weiter unten und kannst so Szenen aufnehmen, bei denen du vorn auf dem Boden hockst, kniest oder dich herabbeugst, während du weiter hinten aufrechtstehend im Blick bleibst. Beides kann funktionieren, je nachdem, was die Szene braucht.

Versuch nicht, die Szene genauso zu spielen, wie du es auf einer Theaterbühne tun würdest und die Kamera so weit wegzustellen, dass du niemals aus dem Bild läufst. Wenn du das tust, werden die Zuschauenden niemals richtig deine Augen sehen können und das nimmt dir eine Menge Ausdruckskraft. Du kannst natürlich, wenn du jemanden hast, der die Kamera bedient, mit dem Herein- und Herauszoomen experimentieren, um sowohl dein körperliches Spiel als auch dein Gesicht in der Szene sichtbar werden zu lassen. Bedenke aber, dass zu schnelles Zoomen unangenehm für die Zuschauenden ist und von deinem Spiel ablenkt.

Die meisten Schulen verlangten ungeschnittene Aufnahmen; es gab also nicht die Möglichkeit, Nahaufnahmen und Totale in zwei verschiedenen Takes oder mit zwei Kameras zu filmen. Die Prüfenden wollten damit sichergehen, dass die Bewerber:innen nicht nur ab und zu einen schönen Moment, sondern tatsächlich eine schlüssige Szene spielen können.

Die Dozent:innen an den Schauspielschulen möchten in jedem Fall auch deine Körperlichkeit sehen, daher ist es nicht gut, nur Nahaufnahmen des Gesichts zu filmen. Du kannst die Szenen entweder in der Totale beginnen, also ganz zu Beginn das körperliche Spiel zeigen und anschließend eine wesentliche nähere Position einnehmen, damit dein Gesicht gut zu sehen ist. Oder die Szene beginnt mit einer Nahaufnahme, auf die eine Totale folgt. Danach kannst du zwischen näheren und ferneren Positionen wechseln, je nachdem, was die Szene braucht. Körperliche, wildere, größere Momente mit viel Bewegung wirken besser weiter weg von der Kamera, kleine, stille, ruhige, zarte Momente brauchen oft die Nähe.

Außerdem kannst du die weiteren Prüfungsteile wie eine kurze Vorstellung oder ein Lied benutzen, um deine Augen und deinen Ausdruck in Nahaufnahmen sehen zu lassen.

Trau dich in den Aufnahmen ruhig, näher an die Kamera zu gehen als das in Filmaufnahmen normalerweise üblich ist. Es geht nicht darum, eine möglichst professionell wirkende Filmszene zu erstellen. Da es um Theater geht, sind andere ästhetische Entscheidungen möglich. Es geht vielmehr darum, die Energie und Spielfreude, die du auf der Bühne hast, in eine Videoaufnahme zu übersetzen. Du kannst auch die Momente des Ein- und Ausschaltens der Kamera einbauen. Es geht nicht um Perfektion der Kameraführung, denn du bewirbst dich ja nicht für einen Kamerastudiengang. Selbstverständlich kannst du, um zwischen deinen Positionen zu wechseln, auch kurz von hinten zu sehen sein oder man sieht für einen Augenblick nur deine Kniekehlen. Das macht nichts. Darum geht es nicht.

Wenn du es schaffst, Freude am Experimentieren mit der Kamera zu haben, ist das vermutlich das Beste! Trau dich, Dinge auszuprobieren und Fehler zu machen. Spielfreude ist wichtiger als alles andere!

Noch ein Tipp für Zoom-Vorsprechen: Konzentriere dich dabei ganz besonders darauf, wirklich mit den Menschen am anderen Ende Kontakt aufzunehmen! Das Gegenüber spürt, wenn du nicht richtig hinschaust und zuhörst! Auch beim Spielen vor der Kamera deines Laptops gilt: Versuch, dein Publikum zu spüren, auch wenn die Empfindung wesentlich weniger stark ist, als wenn man sich in einem Raum befindet.

6. Einige grundsätzliche Hinweise

Warum Gefühle völlig überschätzt sind

Fast alle meiner Schüler:innen versuchen anfangs, eine Szene zu erarbeiten, indem sie sich Gedanken darüber machen, was die Figur wann fühlt und wie sie das zeigen können. Diese Überlegung ist nicht sonderlich hilfreich. Das ganze Nachdenken über Gefühle kannst du dir meiner Meinung nach sparen. Warum? Ich glaube, dass Gefühle als Arbeitsmittel völlig überschätzt sind. Das heißt nicht, dass wir beim Spielen keine Gefühle haben sollen. Aber meiner Meinung nach ist es sinnvoller, mit anderen Dingen anzufangen und die emotionale Ebene folgen zu lassen. Menschen in Extremsituationen – und die spielen wir ja meist – konzentrieren sich nicht auf ihre Gefühle, sondern darauf, irgendwie mit der Situation klar zu kommen. Wenn jemand versucht, aus einem brennenden Haus herauszukommen, hat die Person selbstverständlich Gefühle wie Angst und Panik, aber sie denkt nicht darüber nach und konzentriert sich mit Sicherheit nicht darauf, sie möglichst stark zu fühlen oder zu zeigen. Wer jemand anderem seine Liebe gesteht oder eine Beziehung beendet, hat natürlich Gefühle dabei, konzentriert sich aber nicht auf sie, sondern auf sein Gegenüber und auf dessen Reaktionen. Das heißt, wenn Schauspieler:innen sich in erster Linie auf das Fühlen und Zeigen von Gefühlen konzentrieren, machen sie etwas grundlegend Seltsames. Etwas, das nicht stimmig ist. Und das spüren wir beim Zuschauen, selbst wenn wir nicht genau wissen, warum sich das gerade so falsch anfühlt.

In Goethes *Torquato Tasso* gibt es einen Satz, der diese Wahrnehmung gut beschreibt: »So fühlt man Absicht und man ist verstimmt«[6]. Wir spüren, dass jemand versucht, uns etwas vorzumachen. Manchmal fühlt es sich an wie Belogen- oder Manipuliertwerden. Es ist nicht wahrhaftig, nicht echt, nicht ehrlich.

Damit will ich nicht sagen, dass Schauspieler:innen beim Spielen nichts fühlen sollen! Aber die Gefühle, die beim Spielen entstehen, sind, wenn sie wahrhaftig und echt sein sollen, viel weniger kontrollierbar als alles, was man sich vorher ausdenken kann. Und sie sind,

---

6 Johann Wolfgang von Goethe: *Torquato Tasso*, 2. Aufzug, 1. Auftritt. Das vollständige Zitat lautet (Tasso zur Prinzessin): »So liebenswürdig sie erscheinen kann, / Ich weiß nicht wie es ist, konnt' ich nur selten / Mit ihr ganz offen sein, und wenn sie auch / Die Absicht hat, den Freunden wohlzutun, / So fühlt man Absicht und man ist verstimmt.«

wie im echten Leben »Abfallprodukte«, die entstehen, *während* man etwas tut. Sie können auch Motor werden für Veränderungen in der Szene, für Tempowechsel und Bewegungen. Aber Schauspielen bedeutet nicht, ordentlich geplante und dadurch kontrollierbare Gefühle, schön eines nach dem anderen, vorzuführen.

Ich verstehe Schauspielerei eher als eine Art Experiment, in dem wir uns selbst als »Versuchskaninchen« einsetzen. Wir bauen eine Situation auf, denken uns Beziehungsstrukturen und Figuren mit entgegengesetzten Zielen aus und werfen uns dann mit allem, was wir haben, in diesen Versuchsaufbau. Wir schauen uns gemeinsam an, wie Menschen unter diesen Bedingungen reagieren können, was sozusagen menschenmöglich ist.

Was mir ganz wichtig ist: Es geht nicht darum, Gefühle zu vermeiden! Du sollst nicht vorsichtig und zurückhaltend werden! Im Gegenteil! Es geht darum, Gefühle wie im wahren Leben als »Nebenprodukte« von Situationen, Gedanken und Handlungen zu verstehen, nicht als Selbstzweck.

Manchmal hört man die Regieanweisung: »Nicht so viel machen!« Ich finde dabei die Betonung absolut wichtig. Es sollte nicht heißen: »Nicht *zu viel* machen.« Denn man kann beim Spielen fast nicht zu viel machen und es sollte alles erlaubt sein. Wenn du Angst hast, es falsch zu machen oder »zu viel« zu machen, bist du blockiert und kannst nicht mehr gut arbeiten. Was aber richtig sein kann, ist: »Nicht zu viel *machen.*« Du sollst also nicht mit zu viel Anstrengung versuchen, etwas herzustellen, was du vorher festgelegt hast. Versuch, mehr entstehen zu lassen, mehr die Kontrolle loszulassen, mehr »kommen zu lassen« anstatt »zu machen«.

Ganz leicht lässt es sich am Beispiel Fußball verstehen. Ich finde, Fußball und Schauspiel haben sehr viel gemeinsam. Fußballspiele können sehr emotional werden, sowohl für die Spieler:innen als auch für die Zuschauenden. Aber nicht, weil die Spielenden ihre Gefühle vorspielen, sondern weil die Grundsituation ein klarer Konflikt ist, der ausagiert wird. Die Gefühle entstehen durch den Einsatz, durch den Kampf, durch Handlungen und Situationen. Bei Theaterstücken ist es ähnlich – obwohl wir natürlich vorher wissen, wie das Stück ausgeht.

Der zweite Punkt, warum Gefühle als Arbeitsmittel nicht hilfreich sind: Sie sind unzuverlässig. Es ist im wahren Leben schwierig, Gefühle auf Knopfdruck zu verändern. Natürlich können sie sich sehr plötzlich, durch Geschehnisse oder Gedanken an eine traurige oder lustige

Situation, ändern. Aber ob dabei genau das Gefühl entsteht, das man erwarten würde, ist nicht sicher.

Es gibt einige Schauspieltechniken, die Methoden anbieten, durch die Gefühle mit verschiedenen Tricks und Übungen hervorgelockt werden sollen. Im Method Acting beispielsweise arbeitet man vornehmlich mit Erinnerungen an emotionale Situationen aus dem eigenen Leben, die man über die Konzentration auf Körperempfindungen und Sinneseindrücke wachruft. Ich will nicht sagen, dass diese Techniken nicht funktionieren. Für das Theaterspielen haben sie aber ihre Tücken. Meiner Meinung nach führen sie oft zu Problemen, zum Beispiel, dass Schauspieler:innen sich nur auf sich selbst und nicht auf das Gegenüber oder die Situation konzentrieren. Deshalb gibt es die Gegenreaktion auf Method Acting mit der Meisner-Technik, die sich speziell auf die Verbindung mit den Partner:innen fokussiert. All diese Methoden haben ihren Nutzen, doch bei Method Acting und der Meisner-Technik sollte man bedenken, dass sie für Filmarbeiten und nicht fürs Theater entwickelt wurden. Dreharbeiten sind eine ganz andere Arbeitssituation als Theateraufführungen und Vorsprechen. Während man am Set oft lange Wartezeiten hat, muss man beim Vorsprechen meist »von jetzt auf gleich« zu spielen beginnen und zwischen verschiedenen Rollen wechseln. Im Film dreht man normalerweise eine Szene am Stück, so dass eine bestimmte Stimmung sich über die Zeit verstärken kann. Bei dieser Arbeit weiß ich, wann meine Nahaufnahme dran ist und kann meine Kraft und Konzentration entsprechend einteilen. Ein weiterer wesentlicher Unterschied: Beim Drehen wiederhole ich die Szene zwar mehrmals, aber ich spiele sie nicht nach wochenlanger Pause erneut. Am Theater brauche ich eine Methode, die auch für 200 Vorstellungen in vier Jahren funktioniert. Da haben sich Erinnerungen als Material meist längst abgenutzt. Es sei denn, ich arbeite mit Erinnerungen, die extremste Situationen aus meinem Leben beinhalten. Doch das birgt wiederum psychologische Gefahren.

Meiner Erfahrung nach bleiben alle Ansätze, die sich in erster Linie darauf konzentrieren, Gefühle durch verschiedene innere Methoden hervorzulocken, unzuverlässig. Vor allem in einer so angespannten Situation wie bei einem Vorsprechen, wo die eigenen echten Gefühle von Aufregung und Unsicherheit so stark sind. Zu versuchen, diese Gefühle wegzuschieben, um andere Gefühle hervorzulocken, die man vorher festgelegt hat, macht das Spielen extrem schwierig. Unnötigerweise! Denn die eigenen, ohnehin schon vorhandenen Gefühle lassen sich normalerweise gut nutzen. Wenn ich diese Gedanken im Unterricht erkläre, folgt oft eine große Unsicherheit: »Wenn ich mich nicht mit Gefühlen beschäftigen soll, womit denn sonst?« Die Antwort ist simpel: »Mit Handlungen. Mit Situationen. Mit Aktionen und Bewegungen.«

Theater ist Körperkunst. Tänzer:innen müssen auch nicht auf das passende Gefühl warten, um die nächste Bewegung auszuführen. Aber wenn die Choreografie gut ist, wird die Abfolge der Bewegungen bei den Tänzer:innen oder zumindest beim Zuschauenden eine emotionale Reaktion auslösen.

Um die Bewegungen, Handlungen und Aktionen zu finden, die du für die Geschichte, die du erzählen willst, brauchst, musst du dich mit Beziehungen, Zielen und Bedürfnissen beschäftigen. Das ist der psychologische Hintergrund der Figur und der Szene, der dir hilft, praktische Ideen für die Umsetzung zu entdecken. Und du probierst diese so lange aus, bis du die Haltungen, Bewegungen und Aktionen gefunden hast, die zuverlässig funktionieren. Es geht mir hier nicht darum, dass du so lange proben sollst, bis der Ablauf »sitzt«, sondern dass du so lange ausprobierst, bis du die *funktionierenden* Handlungen gefunden hast. Wenn du einen solchen Ablauf von Handlungen hast, ist darauf Verlass, dass die Szene wiederholbar ist und nichts erzwungen werden muss.

Um zu erklären, warum ich das Untersuchen von Situation und Handlungen wichtiger finde als das von Gefühlen, möchte ich kurz einen weiteren Ausflug in die Neurowissenschaft machen.

Abschweifung – das Gehirn und die Emotion

Vieles von dem, was ich hier wiedergebe, habe ich aus dem Buch *Die Glücksformel* von Stefan Klein gelernt. Vor allem die Kapitel *Glück entspringt dem Körper*, *Wissenschaftler entdecken die Intuition* und *Macht Lächeln froh?* haben einiges mit unserer Arbeit als Schauspieler:innen zu tun. Klein erläutert auf Basis der Neurowissenschaft, wie Emotionen und Gefühle entstehen. Und genau das fragen wir uns für unsere Arbeit auch.

Zunächst sollte man den Unterschied zwischen Emotion und Gefühl verstehen, den Stefan Klein macht: Emotionen sind für ihn körperliche Zustände, die als Reaktion auf einen Reiz entstehen, ohne dass unser Bewusstsein sie wahrnimmt oder steuert. Das Herz beginnt, schneller zu schlagen, die Hände werden feucht oder die Beine weich. Solche Reaktionen hat unser Körper bereits, bevor uns bewusst wird, dass wir uns freuen, aufgeregt, wütend oder ängstlich sind. Diese Emotionen entstehen im Stammhirn, also dem älteren Teil unseres Gehirns. Sie sind ein Mechanismus zum Überleben, den wir mit den Reptilien teilen. Dinosaurier werden Vorfreude und Aufregung empfunden haben, wenn sie eine Beute erblickten. Und die gejagten Dinosaurier hatten Angst. Obwohl ihre Gehirne laut Klein noch nicht weit genug entwickelt waren, diese Emotionen als Gefühl wahrzunehmen und zu bewerten, reagierte ihr Körper auf diese emotionale Nachricht von Bedrohung.

Gefühle werden nach seiner Definition hingegen erst möglich, wenn das Großhirn, das evolutionsgeschichtlich später, nämlich erst bei den Säugetieren, entstanden ist, die Emotionen wahrnimmt.

Ich glaube, wir alle kennen die Situation, dass uns die Hände zittern, das Herz rast oder die Kiefermuskeln verkrampfen und wir uns nach einer Weile fragen: »Was ist denn jetzt mit mir los?« Und erst, wenn wir unser Bewusstsein auf die Körperempfindung lenken, wird uns klar, dass wir verunsichert, aufgeregt oder ärgerlich sind.

Das außerordentlich Interessante für die Schauspielarbeit ist die Reihenfolge! Oft versuchen Schauspieler:innen, direkt ein Gefühl in sich hervorzurufen. Doch das geht nicht. Denn ein Gefühl braucht die Wahrnehmung einer körperlichen Reaktion, die vorher schon passiert sein muss. Unser Nervensystem ist in zwei verschiedene und nahezu unabhängige Systeme aufgeteilt. Das unwillkürliche (autonome) Nervensystem steuert Körperfunktionen und Bewegungen, zum Beispiel den Herzschlag, das Atmen, aber auch die Muskeln, die eine Gänsehaut hervorrufen können. Dieses System wird von den evolutionsgeschichtlich älteren Hirnregionen gesteuert, dem »Reptiliengehirn«. Es ist für unseren bewussten Willen nicht erreichbar!

Warum können wir diese Bewegungen nicht kontrollieren? Es wäre unendlich anstrengend für unser Gehirn, wenn wir jeden Atemzug und jeden Herzschlag ganz bewusst machen müssten. Es ist viel besser, dass diese Dinge ohne Einfluss des Bewusstseins ablaufen, denn so können wir uns auf anderes konzentrieren.

Ein anderer Aspekt ist, dass das Stammhirn wesentlich schneller reagieren kann als das Großhirn. Genau wie ein einzelner Mensch schneller reagieren kann als eine Gruppe von Personen, die ein Problem erst noch aus verschiedenen Blickwinkeln diskutiert, bevor sie sich für eine Lösung entscheidet. Das Großhirn ist wesentlich komplexer aufgebaut und braucht dadurch länger, um eine Information zu verarbeiten. Außerdem kann es sich mehrere gute Reaktionsmöglichkeiten überlegen, zwischen denen es sich entscheiden muss. Wenn es aber ums Überleben geht, kann Schnelligkeit unglaublich wichtig sein. In bedrohlichen Situationen benutzen wir Menschen deshalb immer noch unser Reptiliengehirn, um einer Gefahr möglichst schnell zu entgehen.

Man kann das auch bei anderen Säugetieren beobachten. Ein Pferd beispielsweise kann durchaus lernen, seine Angst vor etwas zu überwinden, wenn es einem Menschen vertraut und somit seinen Emotionen zum Trotz handeln. Aber wenn es sich sehr erschreckt, wird es durchgehen. Es wird instinktiv losrennen, so wie es in seinem Hirnstamm vorgesehen ist. Für diese Überlebensmechanismen sind Emotionen da. Bei uns Menschen springt dieses System immer dann an, wenn wir emotional reagieren. Nicht nur bei Gefahr, sondern auch, wenn wir uns mit einem Menschen wohlfühlen oder wenn wir wütend werden, weil uns der Bus vor der Nase weggefahren ist. Dieses System können wir nicht kontrollieren, denn es wird nicht von unserem Bewusstsein gesteuert. Deshalb ist es so umständlich und unzuverlässig, sich auf ein Gefühl zu konzentrieren und zu versuchen, es in sich hochzuholen. Ein Gefühl kann nicht direkt willentlich hervorgerufen werden.

Method Acting wählt einen Umweg und arbeitet mit Erinnerungen an Emotionen durch die körperlichen Symptome dieses Gefühls. Dadurch können wir unseren Körper mit großer Konzentration an diese Emotion erinnern. Wenn die Erinnerung im Körper stark genug wirkt, kann daraus ein ähnliches Gefühl entstehen. Das macht durchaus Sinn für die Kamera-Arbeit, denn oft hat man als Schauspieler:in vor der Kamera, besonders in intensiven Augenblicken, keinen großen Bewegungsspielraum. Häufig sind diese Momente Nahaufnahmen. Manchmal muss man sogar aus technischen Gründen in Positionen stehen, die der Emotion widersprechen. Gleichzeitig hat man vor den einzelnen Takes etwas Zeit, sich auf bestimmte Erinnerungen zu konzentrieren.

Ich mache das übrigens beim Drehen manchmal ähnlich, wenn auch mit einem anderen Mittel. Es gibt ein paar Lieder, die mich zuverlässig zum Weinen bringen. Wenn ich eine Szene schon weinend beginnen soll, die Emotion also nicht aus dem Zusammenspiel entstehen kann, höre ich mir kurz vor dem ersten Take diese Musik an, um in die richtige Emotion zu kommen. Am Set ist das möglich. Bei einem Vorsprechen am Theater oder an der Schauspielschule geht das nicht.

Auch auf dem Umweg über eine intensive Fantasie, ein Einfühlen in die Situation der Figur – anstatt einer eigenen Erinnerung – können Emotionen entstehen. Dabei gibt sozusagen das Großhirn eine Fantasie vor und wenn man Glück hat, ist sie so stark, dass das Stammhirn auf die reine Fantasie emotional reagiert und der Körper einen veränderten Zustand herstellt. Dann kann das Großhirn wiederum ein Gefühl wahrnehmen. Denn laut Klein sind Gefühle wahrgenommene Emotionen. Auch das kann funktionieren, bleibt aber unzuverlässig.

Aber wenn wir uns klar machen, dass Gefühle wahrgenommene *körperliche* Zustände sind, gibt es einen anderen Weg zum Gefühl. Denn unseren Körper *können* wir willentlich kontrollieren. Wir können zwar nicht aufhören zu atmen, aber wir können den Atem bewusst verlangsamen, beschleunigen oder eine Weile lang anhalten. Wir können nicht unseren Herzschlag direkt kontrollieren, aber wir können bewusst ruhig atmen, um ihn zu verlangsamen oder ein paar Liegestütze machen, um ihn zu beschleunigen. Wir können die Schultern anspannen oder die Zähne zusammenbeißen, die Hände zu Fäusten ballen oder unsere Knie zittern lassen, einen Kollegen ganz sanft streicheln oder eine Kollegin heftig von uns stoßen. All diese körperlichen Bewegungen, die wir bewusst ausführen können, ohne vorher auf ein Gefühl zu warten, verändern unsere Körperwahrnehmung. Und wenn unsere Aktionen, Handlungen und Bewegungen einem emotionalen Zustand ähneln, werden unser Körper und unser Gehirn dies als Emotion und Gefühl wiedererkennen.

Und auch die Zuschauenden, auf deren Gefühle es ja beim Spielen eigentlich ankommt, werden diese körperlichen Handlungen »lesen« können, so dass bei ihnen der Eindruck einer Emotion entsteht und sie mitfühlen. Genaueres über die Übertragung von Gefühlen zwischen Schauspieler:innen und Zuschauer:innen findest du im Kapitel *Spiegelneuronen*.

Das ist der Grund, warum ich allen Schüler:innen rate, sich bei der Probenarbeit auf die *körperliche* Umsetzung der Situation zu konzentrieren und die Darstellung der Gefühle nebenbei entstehen zu lassen. Es geht darum, mögliche Bewegungen und Haltungen darauf zu untersuchen, ob sie in etwa passende Emotionen hervorrufen, mit denen die Geschichte erzählt werden kann.

Energie und Durchlässigkeit

Als Schauspieler:in bekommt man manchmal die Rückmeldung, es würde einem an Energie fehlen. Oder an Durchlässigkeit. Das kann sich in unterschiedlichen Rückmeldungen verstecken:

Du machst zu viel.
Du gibst nicht genug.
Du strengst dich zu sehr an.
Du bist zu entspannst.
Du bist nicht locker genug.
Du bist nicht präsent genug.
Du bist zu angespannt.
Du machst zu wenig.
Du spielst zu groß.
Du spielst zu klein.
Du musst lockerer werden.
Du musst kraftvoller werden.
Du musst mehr Energie haben.
Du musst entspannter werden.
Du musst mehr geben.

Das kann sehr verwirrend sein, besonders, wenn sich diese Aussagen abwechseln. Richtig ist: Du brauchst beides, Energie und Lockerheit! Es schließt sich nicht gegenseitig aus, sondern ergänzt sich. Es sind nicht die beiden Enden einer Skala, beides bedingt sich gegenseitig. Wir sehen oft Energie und Entspannung als Gegensätze. Aber fürs Spielen brauchst du beides gleichzeitig. Die Rückmeldungen sagen dir nicht, dass du auf der Skala von Energie zu Entspannung ein bisschen mehr nach hier oder da rutschen sollst. Stattdessen solltest du, wenn du diese Kritik bekommst – oder wenn du selbst empfindest, dass du zu wenig energetisch oder zu angespannt bist – *beides* weiterentwickeln!

Es gibt dafür den Theaterbegriff »Durchlässigkeit«. Das bedeutet, wie sehr dein Körper, dein Gesicht und deine Stimme »durchlassen«, was in dir vorgeht. Dafür braucht es sowohl eine hohe Energie als auch eine große Lockerheit. Ohne Energie keine Bewegungsimpulse und keine Bewegung – und ohne Lockerheit bleiben Bewegungsimpulse entweder ganz auf der Strecke oder werden eingeschränkt durch die bestehende Anspannung.

Wie kannst du das herstellen? Beim Proben kannst du darauf achten, beidem Raum zu geben, großer Energie und extremer Lockerheit. Wenn du die beiden Dinge nicht als Gegensätze betrachtest, hilft das oft schon ungemein. Bleibt es für dich aber schwierig, beides so zur Verfügung zu haben, wie du es dir wünschst, solltest du es üben. Leider sind unsere Kultur und unser Schulsystem ziemlich ungeeignet, um diese Fähigkeiten zu entwickeln – oder vielmehr beizubehalten, denn als Kleinkinder hatten wir sie alle. In dem Dokumentarfilm *Die Prüfung*, der einen Blick auf die Seite der Prüfenden in einer Aufnahmeprüfung wirft, sagt ein Bewegungsdozent: »Wir suchen die ‚Überlebenden' des Schulsystems.« Das klingt krass, meint aber vor allem, dass es nach 12 Schuljahren nur wenige geschafft haben, sich diese körperliche Mischung aus Energie und Lockerheit, diese Durchlässigkeit, zu bewahren. Es sind wenige, die das schon vor dem Schauspielstudium richtig gut können. Natürlich ist es ein großer Teil der Ausbildung, genau diese Durchlässigkeit zu trainieren, aber es ist auch etwas, wonach die Dozent:innen in der Prüfung suchen. Je mehr davon jemand mitbringt, über desto mehr Ausdrucksfähigkeit verfügen diese Studierenden bereits zu Beginn. Wenn du dich damit beschäftigst, diesen Bereich zu üben und zu stärken, kannst du viel dafür tun, dass deine Chancen auf einen Studienplatz steigen.

Ich gebe im Unterricht praktische Tipps, um Durchlässigkeit zu üben. Einerseits biete ich immer wieder Improvisationsstunden an, in denen wir in kleinen Gruppen Übungen machen, die genau diese Qualitäten stärken sollen. Außerdem können wir dabei andere individuelle Baustellen angehen, da ich meine Schüler:innen ja aus dem Einzelunterricht genau kenne. Im Anhang erkläre ich eine Übung genauer, damit du sie ausprobieren kannst, wenn du möchtest. Andererseits ermutige ich meine Schüler:innen dazu, auch außerhalb des Schauspielunterrichts Durchlässigkeit zu üben. Grundsätzlich ist dafür jeder Sport hilfreich, einfach weil der Körper trainiert und wachgehalten wird. Es gibt einiges, das sich besonders gut eignet. An der UdK haben wir im Studium viel mit Contact Improvisation gearbeitet, einer Tanztechnik, die Improvisation aus Körperkontakt entstehen lässt. Vereinfacht gesagt berührt man seine Tanzpartner:innen an einem Punkt und durch deren Reaktion entwickelt sich die Bewegung. Die Berührung bleibt dabei nicht immer an derselben Stelle, mal berühren sich die Knie, mal die Schultern, mal berührt ein Ellenbogen die Hüfte, aber niemals verlässt man den Körperkontakt ganz. Der Kontaktpunkt wandert über die Körper: Man lässt sich nicht zwischendurch los und berührt sich dann anderswo, sondern die Bewegungen verschieben den Kontaktpunkt und der Kontakt löst wiederum Bewegungen aus. Auf diese Art entsteht ein improvisierter Tanz. Die Bewegungen scheinen sich von selbst zu ergeben. Vielleicht gibt es in deiner Umgebung einen Kurs? Oder such dir einen Workshop heraus. Du kannst auch einfach mit Freunden oder deiner Theatergruppe einen eigenen »Contact Jam« starten. Das heißt, man trifft sich in einem geeigneten Tanzraum, improvisiert und experimentiert gemeinsam mit dieser Bewegungsform. Vermutlich wäre es am besten, wenn du zumindest einmal eine Stunde oder einen Kurs mitgemacht hast. Zum Üben von Durchlässigkeit kann aber auch ein wöchentliches Treffen mit ein oder zwei Freund:innen in der Turnhalle deiner Schule oder im Park viel bringen. Probiere es einfach aus und schau, ob es dich weiterbringt. Wenn du es selbst organisierst, solltet ihr besonders vorsichtig sein, dass ihr euch dabei nicht verletzt. Überfordert euch nicht gegenseitig!

Auch andere Tanzformen können sehr hilfreich sein. Afrikanischer Tanz ist großartig, weil die Bewegungen durch die gesamte Wirbelsäule gehen, Bauchtanz, weil sie möglicherweise ungewohnt sind, außerdem Partnertänze wie Tango, Salsa, Swing und ähnliches. Dabei solltest du darauf achten, dass gegenseitiges Reagieren auf Impulse, Lockerheit und Freiheit im Vordergrund stehen, nicht perfekte, kontrollierte Bewegungen.

Kampfsportarten können dir ebenfalls helfen, auch hier vor allem, wenn es tatsächlich zum gegenseitigen Aufeinanderreagieren kommt, nicht nur zu choreografierten Bewegungsabläufen, die vorgegeben und wiederholt werden. Andere Möglichkeiten sind Feldenkrais-Kurse und ähnliches, bei denen es vor allem um Körperwahrnehmung und das Lösen von Blockaden geht.

Such dir etwas, das dir Freude macht, dich aber auch herausfordert. Es geht nicht um Wellness und Sich-wohl-Fühlen, sondern darum, etwas zu finden, woran du lernen kannst.

Auch im normalen Alltagsleben kannst du diese Qualitäten beobachten und dir angewöhnen, deinen Körper auf Lockerheit *und* Energie zu trainieren. Bei den Proben, aber auch beim Gang zur U-Bahn oder beim Spazierengehen. Dieser körperliche Zustand soll mit der Zeit zu etwas werden, das du bewusst und sofort »anschalten« kannst, wenn du auf die Bühne oder vor die Kamera gehst.

Impulse – was ist das eigentlich?

Wenn man über Durchlässigkeit spricht, bedeutet das: Alle Impulse, die Schauspieler:innen haben, werden nach außen sichtbar. Aber was sind eigentlich diese Impulse? Das scheint erst einmal ein schwammiger, leicht esoterischer Begriff zu sein. Eigentlich ist es sehr einfach.

Es geht um Bewegungsimpulse, die unser »Reptiliengehirn« aussendet. Unser menschliches Gehirn besteht aus verschiedenen Teilen, die sich in der Evolution zu unterschiedlichen Zeiten ausgebildet haben. Das, was wir als unser bewusstes Denken wahrnehmen, findet im Vorderhirn, in den »Frontallappen« des Großhirns statt. Wir nehmen wahr, bewerten und entscheiden bewusst, was als Reaktion zu tun ist. Das Vorderhirn ist evolutionsgeschichtlich später entstanden. Aber es gibt auch einen Teil des Gehirns, den schon Reptilien haben, der anders funktioniert. Man nennt ihn Stammhirn oder Hirnstamm. Hier sind unsere instinktiven Reaktionen zu finden. Der Vorgang ist dabei so: Wir nehmen etwas wahr und im Bruchteil einer Sekunde reagieren wir mit einer Bewegung. Zum Beispiel: Du hörst hinter dir einen Knall und springst beiseite. Erst hinterher, wenn sich das Vorderhirn einschaltet, drehst du dich um und schaust nach, woher dieses Geräusch kam und ob deine Reaktion angemessen war. Ein Reptil reagiert instinktiv mit Flucht oder Verteidigung, wenn es sich bedroht fühlt, ohne vorher darüber nachzudenken. In bedrohlichen Situationen reagieren wir oft genauso, mit diesem evolutionär uralten Teil unseres Gehirns. Im normalen Leben gewöhnen wir es uns allerdings ab. Kleine Kinder tun es noch oft, deshalb muss man so sehr auf sie aufpassen, denn sie rennen einfach los, wenn sie etwas Interessantes sehen, ohne auf Gefahren zu achten. Es ist für uns als erwachsene Menschen richtig, nicht jedem Bewegungsimpuls zu folgen, denn wir würden uns in Gefahr bringen und oft falsche, unangemessene Dinge tun, wenn wir aus dem Instinkt reagieren. Aber für die Bühne ist dieses Denkverhalten »wahrnehmen, bewerten, die beste oder richtige Reaktion herausfinden und erst danach handeln« nicht hilfreich.

Warum? In der künstlerischen Arbeit finden wir so ausschließlich die Handlungen und Ideen, die wir mit unserem Verstand als richtig und angemessen bewerten. Doch das ist unsinnig, weil die Figuren, die wir spielen, sich oftmals nicht angemessen verhalten. Sie befinden sich häufig in Situationen, in denen sie so unter Druck stehen, dass sie nur aus dem Gefühl, dem Instinkt heraus reagieren.

Man könnte auch sagen: Das Vorderhirn reagiert mit Verstand. Das Reptiliengehirn reagiert aus dem Instinkt – oder anders ausgedrückt – aus dem Gefühl heraus. Denn der Impuls, die Information, die unser Reptiliengehirn an unseren Körper schickt, ist eine Emotion. Wenn du beiseite springst, weil du ein Geräusch hinter dir hörst, reagierst du auf eine Emotion, die entsteht, weil dieser Teil des Hirns Gefahr wittert: Angst! Auch Freude, Wut, Liebe, Eifersucht, Ärger und so weiter entstehen nicht aus abwägendem Nachdenken, sondern aus einer darunter oder davor liegenden Ebene. Deshalb können wir uns Emotionen oder Gefühle oft gar nicht erklären und sind uns ihrer manchmal nicht bewusst, bis sie sehr stark geworden sind.

Das heißt: Wenn du in den Proben Handlungen und Bewegungen im Raum suchst, die eine emotionale Reaktion bei dir und den Zuschauer:innen hervorrufen, musst du mit diesem Teil deines Gehirns suchen! Die Schwierigkeit liegt in der unglaublichen Reaktionsschnelligkeit des Reptilienhirns. Unser Vorderhirn hat den auslösenden Moment noch gar nicht bewusst wahrgenommen, da schickt dieser andere Hirnteil bereits einen Bewegungsimpuls als Reaktion. In wissenschaftlichen Versuchen ist nachgewiesen worden, dass man die Bewegungsimpulse der Muskeln schon messen kann, bevor ein Eindruck das bewusste Denken erreicht hat. Und man spürt und sieht diesen Moment bei Schauspieler:innen, selbst wenn er nicht zu einer tatsächlichen Bewegung führt. Man kann oft ganz genau sagen: »Da hattest du einen Impuls, dem du nicht nachgegangen bist. Du hast dich selbst – mit dem Vorderhirn – aufgehalten.« Der Impuls ist zuerst da, das Vorderhirn hat nur die Chance, den schon vorhandenen Impuls zu unterbrechen, um noch einmal darüber nachzudenken.

Als Schauspieler:innen müssen wir trainieren, in der Arbeit diesen Impulsen zu erlauben, sich direkt im Körper auszudrücken, noch *bevor* wir sie hinterfragt haben. Das fühlt sich für viele von uns beängstigend an, denn es bedeutet, dass wir nicht mehr vorher entscheiden können, was wir tun werden. Wir müssen das Steuer unserem Körper und unseren Instinkten überlassen. Doch unsere Gesellschaft, unsere Kultur verlangen von uns das absolute Gegenteil. Es gibt Bereiche, für die diese Kontrolle gut ist. Für Kunst und ganz besonders für Körperkunst, die so assoziativ vorgeht wie das Proben beim Schauspielen, ist es Gift! Das zu lernen und zu üben ist der schwerste Moment für viele meiner Schüler:innen. Denn hier treffen so viele Dinge zusammen, die man umlernen sollte. Es geht um ein Loslassen der Kontrolle, darum sich zu erlauben, Fehler zu machen. Es geht um Selbstwert. Um Ängste und Verletzlichkeit. Aber es ist auch einer der befreiendsten Momente, wenn du diesen Schritt gehst. Hier beginnt die wirkliche künstlerische Arbeit des Schauspielens. Das Abenteuer. Die Reise. Das Experiment. Das Spielen. Außerdem neigt unser Verstand dazu, in Klischees zu denken. So macht er sich die Arbeit leichter. Unser Körper trägt unser ganzes Leben und unsere gesamten emotionalen Erfahrungen in sich und äußert sich deshalb wesentlich individueller als unser Hirn. Das klingt wie eine sehr theoretische Betrachtung, ist aber mein Eindruck aus den Proben, die ich erlebt habe. Auch mein Improvisationsunterricht zielt immer darauf ab, diese Ebene zu erreichen, in der die Schüler:innen so frei werden, dass sie nur noch körperlich reagieren, ohne vorher nachzudenken. Deshalb lasse ich Improvisationen meist lange laufen, bis alle »originellen« Ideen, die sie sich zu Beginn überlegt haben, aufgebraucht sind. Dann gibt es oft eine Flaute, in der die Spielenden gern aufhören würden und das Gefühl haben, es fällt ihnen nichts mehr ein. Aber danach wird es erst wirklich interessant!

Wie trainiert man das? Dieselben Dinge wie im Kapitel über Durchlässigkeit sind sinnvoll, denn es handelt sich ja um einen anderen Aspekt derselben Sache. Außerdem kannst du üben, indem du deine eigenen Impulse beim Proben, aber auch im normalen Leben genau beobachtest. Nimmst du Impulse wahr, die du nicht ausführst? Im Straßenverkehr ist das bestimmt sinnvoll! Aber wo kannst du freier mit deinen Impulsen umgehen? Wichtig ist vor allem, ein Bewusstsein dafür zu entwickeln und zu trainieren, willentlich zwischen den beiden Verhaltensweisen hin und her zu schalten. Beim Proben ist es wichtig, dem Körper die Führung zu überlassen und Impulse nicht aufzuhalten, sondern sie zu nutzen. Bei Stuntszenen muss man wieder anders vorgehen, damit sich keiner verletzt. Und im normalen Leben machst du es so, wie es für dich richtig ist. Es ist nicht notwendig, das eins zu eins ins Privatleben zu übertragen. Aber oft spürt man dort auch eine Verschiebung.

Allerdings heißt das nicht, ständig nur auf einen Impuls zu warten! Natürlich kannst und sollst du ruhig Dinge ausprobieren, die du dir ausgedacht hast. Es ist nicht notwendig, einen Impuls zu haben, um mit einer Probe, Szene, Aktion anzufangen. Aber wenn sich in der Arbeit Impulse zeigen, dann geh ihnen nach, und zwar ohne sie zu hinterfragen, ohne sie herauszuzögern. Mach einfach und lass dich überraschen, wo sie dich hinführen! Wenn du doch einen Impuls verpasst, ist das nicht schlimm. Wenn du aber bemerkst, da wäre ein Impuls gewesen, dann probiere diese Stelle noch einmal und achte darauf, ob der Impuls wiederkommt und welche Bewegung ihm entsprechen könnte. Und versuch, diese Art des Spielens auch auf die fertigen Szenen anzuwenden.

Von innen nach außen oder umgekehrt?

In unserer Theaterkultur gibt es vor allem zwei Herangehensweisen an die schauspielerische Arbeit. Entweder erarbeite ich eine Figur »von innen nach außen« oder »von außen nach innen«.

»Von innen nach außen« bedeutet: Ich überlege mir zuerst das Innenleben der Figur, die Psychologie, fühle mich in die Situation ein und versuche, daraus langsam eine äußere Form zu entwickeln, die für die Figur passend ist. Zum Beispiel gehe ich auf die Bühne, nachdem ich meine Szenenanalyse gemacht habe, stelle mir die Situation vor und fühle in mich hinein: »Wo möchte ich mich auf der Bühne positionieren? Welche Körperhaltung fühlt sich richtig an?« Dabei setze ich mich anfangs nicht unter Druck, einen »großen« Ausdruck zu finden, sondern taste mich langsam vor.

»Von außen nach innen« heißt: Ich konzentriere mich zuerst auf den körperlichen Ausdruck und erwarte, dass die Emotion folgt. Beispielsweise studiere ich die Körperhaltung von jemandem, der denselben Beruf ausübt wie die Figur und imitiere das, um sie daraus zu entwickeln. Oder ich überlege mir ein passendes Tier, an dem ich meine Körperlichkeit orientiere. Oder ich arbeite mit einem Element wie Wasser oder einem Begriff wie fließend als Bild für die Bewegungen.

Beide Vorgehensweisen sind möglich. Es gibt dabei keine objektiv bessere oder schlechtere. Du musst für dich selbst herausfinden, welche Arbeitsrichtung für dich am besten funktioniert. Das kann sich auch von Szene zu Szene ändern. Experimentiere damit! In beiden Fällen ist das Ziel irgendwo in der Mitte. Dort treffen sich beide Methoden. Je nach Stil der Inszenierung und Medium wird es mal stärker körperlich und groß im Ausdruck, mal reduzierter und psychologischer, aber in den meisten Fällen suchen wir weder reine Körperlichkeit ohne Emotion noch reine Psychologie ohne körperlichen Ausdruck.

Es ist übrigens gut möglich, mit Kolleg:innen zusammenzuarbeiten, die genau entgegengesetzt zu deiner Herangehensweise arbeiten. Ich habe die Erfahrung gemacht, dass für mich auch Regisseur:innen, die anders arbeiten als ich, oft eine große Bereicherung sind. Es kann aber hilfreich sein, wenn du weißt, wie du normalerweise vorgehst, was für dich funktioniert und wie deine Arbeitsschritte aussehen. Dann kannst du dich besser mit Kolleg:innen und Regisseur:innen besprechen, die deine Arbeitsweise vielleicht nicht sofort verstehen.

Vor allem solltest du nicht vergessen, dass es auch hier keine einzige Wahrheit gibt und beide Wege in unzähligen Variationen funktionieren können.

Vom Wert des Nicht-Wissens – warum das Aushalten unbeantworteter Fragen dazugehört

Eine Fähigkeit, die du in der Arbeit entwickeln solltest, ist das Aushalten von unbeantworteten Fragen. Proben sind oft ein Ausloten von Fragestellungen.

Ganz ähnlich wie Wissenschaftler:innen beschäftigen wir uns mit einer Problemstellung und untersuchen sie, um Erkenntnisse zu gewinnen. Dafür brauchen wir die Fähigkeit, das unbequeme Gefühl auszuhalten, das entsteht, wenn wir etwas noch nicht wissen.

Ich erlebe immer wieder, dass Schüler:innen versuchen, alle Fragen so schnell wie möglich, am besten noch vor Beginn der ersten Probe, zu beantworten. Ein für alle Mal. Wenn du das tust, bleibt kein Raum mehr, Neues zu entdecken. Jede kreative Arbeit wäre dann schon abgeschlossen und es ginge nur noch darum, dem Ergebnis eine Form zu geben. Spannender wird deine Arbeit, wenn du nach *Fragen* suchst und dir die Zeit und den Raum gibst, sie in den Proben zu beantworten, im Tun, nicht nur im Nachdenken.

Es kann auch Szenen geben, die gewinnen, wenn du mit einer offenen Frage anstatt mit einer Antwort in die Aufführungen oder Vorsprechen gehst. Das könnte sein: Wie wird es nach diesem Gespräch weitergehen? Kommt die Figur ihrem Ziel näher oder nicht? Wird ihre Liebe erwidert oder nicht? Bekommt sie, was sie braucht?

Natürlich gibt es im Text meist eine Antwort auf die Frage, aber die Figur kennt sie noch nicht! Besonders im Vorsprechen kann eine offene Frage es leichter machen, die Reaktionen deines Gegenübers für die Szene zu verwenden. Wenn du nicht auf ein festgelegtes Ergebnis hinauswillst, kannst du deine Szene von den Reaktionen anderer beeinflussen und verändern lassen.

Es kann sein, dass du das eine Weile üben musst, denn unser Schulsystem bringt uns eher bei, wir müssten jede Frage sofort beantworten können. Auch können Zweifel und Unsicherheit für unser Gehirn ein stressiger Zustand sein. Aber du kannst dich daran gewöhnen und es wird dir mit der Zeit leichter fallen, dich in der Unsicherheit zu Hause zu fühlen.

7. Wenn dir etwas im Weg steht

Ein großer Teil meiner Arbeit besteht darin, meine Schüler:innen von Blockaden zu befreien, damit sie so spielen können, wie es ihrem Potential entspricht. Ich kann ihnen helfen, »ihre inneren Schauspieler:innen« zu befreien, die sich manchmal in einem undurchdringlichen Netz von Missverständnissen und Ängsten verstrickt haben.

Perfektionismus

Beginnen wir mit einem extrem verbreiteten Problem, das sehr stark blockieren kann. Ein Thema, das ich auch von mir selbst gut kenne und mit dem ich schon einige Kämpfe ausgefochten habe: Perfektionismus. Das Wichtigste gleich zu Beginn: Perfektionismus ist nicht der Versuch, sein Bestes zu geben. Perfektionismus ist der Versuch, Ablehnung und Scham zu vermeiden, indem man sich nicht angreifbar macht. Etwas Perfektes ist ja per Definition nicht kritisierbar. Es gibt daran nichts, das besser gemacht werden könnte, also kann niemand dich dafür verspotten, ablehnen oder auslachen. Perfektionismus entsteht aus dieser Angst heraus.

Doch es gibt in der Kunst keine Perfektion! Kein Kunstwerk ist perfekt. Über jedes Kunstwerk, sei es noch so gut und anerkannt, kann jemand Kritik äußern. Bei jedem Kunstwerk wird es Menschen geben, die es ablehnen. Denn Kunst ist nicht objektiv, sondern zutiefst subjektiv. Bei Friedrich Schiller heißt es dazu:

> »Kannst du nicht *allen* gefallen durch deine Tat und dein Kunstwerk,
> Mach es *wenigen* recht; *vielen* gefallen ist schlimm.«[7]

Was bei Perfektionismus geschieht: Der Fokus verschiebt sich vom Prozess des *Schaffens* von Kunst auf das *Kontrollieren* des Ergebnisses, ja sogar auf den Versuch, die *Reaktionen* auf das Ergebnis zu kontrollieren. Aber das ist unmöglich und deshalb führt Perfektionismus zur

---

7 Friedrich Schiller: Wahl, aus: *Tabulae votivae* (Friedrich Schiller: Sämtliche Werke, Bd. 1, München, 3. Aufl., 1962, S. 313).

Blockade. Wenn du es nicht ertragen kannst, dass jemand deine Kunst ablehnt, kannst du letzten Endes überhaupt nicht anfangen, etwas zu tun. Denn es besteht immer die Möglichkeit, dass das Ergebnis deiner Bemühungen irgendjemandem nicht gefallen wird.

Perfektionismus ist keine Eigenschaft, die man hat, sondern ein Vermeidungsverhalten. Dieses ist erlernt und kann wieder verlernt werden. Die Prüfungssituation verschärft das Problem natürlich. Wenn Perfektionismus für dich ein Thema ist, dann achte besonders auf eine gute Probenatmosphäre. Manche Schauspieler:innen neigen dazu, sich in unangenehme Probensituationen mit kritischen und verletzenden Coachs zu bringen. Tu das nicht! Lass dich nicht noch mehr blockieren von jemandem, der mit seinen eigenen Dämonen zu kämpfen hat. Such dir Unterstützung, die *tatsächlich* unterstützend und wohlwollend ist. Einen Coach, der sich an der Lösung der Probleme beteiligt und dir nicht Versagen vorwirft, wenn etwas nicht funktioniert. Jemanden, der dich nicht bewertet, sondern mit dir arbeitet.

Fehler sind ein notwendiger Teil des Wegs. Ich würde mir Sorgen machen, wenn der gesamte Probenprozess an einer Szene abläuft und wir nichts finden, das nicht funktioniert! Dann haben wir vermutlich nur Vorhersehbares in der fertigen Szene zu bieten. Verstehe die Proben als ein Ausprobieren von Möglichkeiten, nicht als ein Wettrennen zu den »richtigen« Lösungen. Es geht darum, den gesamten Bereich der Szene auszuloten. Du kannst dabei an ein Lot denken, mit dem man von einem Schiff aus den Boden des Flusses auslotet, um hinterher zu wissen, wie es da unten aussieht. Wie tief sind welche Stellen, gibt es Untiefen? Du willst dir ein gutes Bild von der Lage machen, damit du den richtigen Kurs bestimmen kannst und nicht, um so schnell wie möglich durch den Fluss zu kommen. Wir wollen möglichst viel herausfinden auf unserem Weg. Dann können wir entscheiden, welches Wissen wir mit dem Publikum teilen und auf welche Reise wir es mitnehmen.

Mein Tipp, um Perfektionismus loszuwerden: Lass dich ganz bewusst auf Dinge ein, die du *nicht* gut kannst! Mach Kurse in Bereichen, bei denen du kein Interesse hast, sie bis zur Perfektion zu beherrschen. Fang neue Sachen an und sobald du sie etwas besser kannst, such dir etwas Anderes. Übe dich darin, in etwas »schlecht« zu sein und trotzdem Freude am Prozess zu haben. Dafür eignen sich verschiedene Kunstformen, Musikinstrumente oder Sportarten. Such dir etwas, das dich interessiert und übe dich darin, ohne jeden Anspruch auf Qualität. Wenn sich der Perfektionismus einschleicht, wehre dich dagegen! Konzentriere dich auf den Weg, nicht auf das Ziel. Fokussiere dich darauf, den Prozess zu genießen, vergiss das Ergebnis. Dann versuch, diese Arbeitshaltung auf deine schauspielerische Arbeit zu übertragen.

Eine weitere Übung ist, sich auch im Alltag bewusst in ungewohnte Momente zu begeben. Perfektionismus ist ja ein Versuch, Fehler zu vermeiden, indem man nur das tut, was man schon getan hat und von dem man glaubt, dass man es kann. Dabei dient das Unbehagen, das entsteht, wenn man die Grenze zum Ungewohnten hin überschreitet, als Signal, nicht weiterzugehen. Gewöhne deinen Körper an dieses Gefühl, damit der Widerstand kleiner wird.

Geh jeden Tag einen etwas anderen Weg zur Arbeit. Geh allein essen oder ins Kino. Zieh dich anders an. Verändere deine Frisur oder dein Make-up. Hör Musik oder lies Bücher, die du normalerweise nicht magst. Unterhalte dich mit Fremden. Lächle Menschen auf der Straße oder in der U-Bahn zu. Sag jemandem etwas, das dir schwerfällt. Trag andere Schuhe als sonst.

Bring dich immer wieder in Situationen, die außerhalb deiner Komfortzone liegen – ohne dich in Gefahr zu bringen. So können sich dein Kopf, dein Gefühl und dein Körper daran gewöhnen, wie es sich dort anfühlt, und du kannst lernen, dass dieses Gefühl nicht mit realer Gefahr einhergeht.

Auch beim Proben kannst du dich bewusst darin üben, Dinge auszuprobieren, bei denen du nicht weißt, ob sie funktionieren. Eine befreiende Regieanweisung ist: »Mach's falsch!«

Wenn ich merke, dass ich als Schauspielerin blockiert werde, ist das mein Schlüssel, um so schnell wie möglich wieder in einen sinnvollen Arbeitszustand zu kommen. Ein Dozent hat uns damals an der UdK begrüßt, indem er Peter Zadek zitiert hat, der bei Probenbeginn zu seinen Schauspieler:innen gesagt haben soll:

> »Ihr seid wunderbare Schauspieler. Ihr könnt nichts falsch machen. Seid so schlecht wie möglich!«

Manchmal sage ich, um einen Schüler oder eine Schülerin aus der Blockade zu locken: »Versuch, die Szene so schlecht wie möglich zu spielen! Spiel die Szene so, wie man sie auf keinen Fall spielen sollte!« Du kannst Maria Stuart im Handstand spielen, Lady Macbeth als Bäuerin im Kuhstall, Faust als überdrehtes Kleinkind oder du probierst aus, wie Romeo und Julia miteinander sprechen, wenn beide in der Balkonszene wütend anstatt zärtlich sind. Das wirkt extrem befreiend. Und darum geht es: wieder in den Prozess des Ausprobierens zu kommen.

Das Ziel deines Perfektionismus ist, dich dazu zu bringen, gar nichts zu versuchen. Denn wenn man das Ergebnis und die Reaktion auf das Ergebnis nicht kontrollieren kann, ist der einzig sichere Weg, sich nicht angreifbar zu machen, nichts zu tun. Versuch, dem Perfektionismus den Boden zu entziehen, damit du arbeitsfähig wirst!

Wenn du dich intensiver mit dem Thema beschäftigen willst, kann ich die Bücher von Brené Brown, speziell *Verletzlichkeit macht stark*, empfehlen. Sie schreibt aus soziologischer Sicht über Perfektionismus, Scham und Verletzlichkeit. Von ihr gibt es außerdem starke TED-Talks: *Why your critics are not the ones who count* und *The Power of Imperfection*. Auch die Bücher von Keri Smith, besonders *Mach Mist*, sind hilfreich. Dort wird man aufgefordert, Kunstwerke zu schaffen, bei denen Fehler und Zufall eine große Rolle spielen. Es beginnt mit dem tollen Zitat:

> »Es gibt keine gescheiterten Experimente. Nur Experimente mit unerwartetem Ergebnis.«[8]

Dem eigenen künstlerischen Instinkt vertrauen lernen

Es gibt eine sehr feine Unterscheidung zwischen zwei Stimmen in dir, die beide sagen können: »Das will ich so nicht spielen!« Das eine ist die Stimme der Angst, die dich behindert, sobald du aus deiner Komfortzone herausgehen willst. Sie hält dich zurück. Sie hält dich ab von dem, was du eigentlich tun willst, weil sie dich vor zu viel Unsicherheit und Verletzlichkeit schützen will. Diese Stimme solltest du lernen zu zügeln, weil sie Kreativität und Entwicklung verhindert.

Aber es gibt eine andere Stimme, die sagt: »Das fühlt sich nicht richtig an! Ich glaube mir selbst nicht, wenn ich das tue!« Manchmal ist es auch nur ein Kloß im Hals oder ein ungutes Gefühl im Magen. Denn

---

8 Zitat von R. Buckminster Fuller in: Keri Smith: *Mach Mist*, München: Verlag Antje Kunstmann, 2012, S. 9.

es ist eine instinktive Reaktion, keine vom Verstand gesteuerte Erkenntnis. Es ist wichtig, den Unterschied zwischen diesen beiden Stimmen zu kennen und zu erkennen. Denn die zweite Stimme ist dein ureigener künstlerischer Instinkt. Und ihr solltest du vertrauen lernen! Aber dafür musst du lernen, die Stimmen zu unterscheiden. Während die Angst sagt: »Tu das bloß nicht, es könnte schief gehen, es könnte wehtun!«, sagt der künstlerische Instinkt, dein:e innere:r Künstler:in: »Das ist es noch nicht! Das stimmt nicht!«

Die Angst will dich zurückhalten, während dein künstlerischer Instinkt dich vorantreiben will! Manchmal bringen wir beides durcheinander. Oder die Angst verkleidet sich als künstlerischer Instinkt und sagt: »Ich habe keine Angst, ich weiß nur, dass das nicht funktionieren kann.« Dein künstlerischer Instinkt wird dich aber nicht daran hindern, etwas auszuprobieren. Die Angst versucht genau das.

Schwierig wird es, wenn jemand von außen deinen Instinkt nicht ernst nimmt, sondern als Blockiertsein versteht. Wichtig ist, dass du dich nicht verunsichern lässt, sondern dich ehrlich – vielleicht mit etwas Abstand – fragst, welche dieser Stimmen da spricht.

Es ist wichtig zu lernen, deinem künstlerischen Instinkt zu vertrauen! Denn er wird dir helfen, *deinen* Weg, *deine* Interpretation, *deinen* künstlerischen Ausdruck zu finden.

Ich habe erst einige Jahre nach dem Abschluss meines Schauspielstudiums bemerkt, dass sich die Stimme meiner inneren Künstlerin seit meiner Schulzeit nicht verändert hat. Sie war immer schon stark und klar und hat es mir unmöglich gemacht, etwas mit gutem Gefühl zu spielen, das für mich nicht stimmig ist. Aber ich habe nicht immer auf sie gehört. Und oft wusste ich auch nicht, wie ich dahin kommen sollte, dass sie aufhört zu schreien: »Das stimmt so nicht!« und zufrieden sagt: »Genau! So fühlt es sich richtig an!«. Ich glaube, alles, was wir als Schauspieler:innen lernen, sollte uns helfen, schneller und leichter an diesen Punkt zu kommen.

Einerseits solltest du die Stimme, die dich zwingen will, in deiner Komfortzone zu bleiben, zügeln. Du kannst deine Komfortzone ausweiten, indem du sie regelmäßig verlässt und dich an das Gefühl gewöhnst. Und du kannst diese Stimme als ein Signal sehen, genau da weiterzugehen, wo sie dir sagt: »Stopp, da liegt das Unbekannte!« Verstehe sie als Wegweiser, nicht als Stoppschild!

Andererseits solltest du lernen, deinem künstlerischen Instinkt zu vertrauen. Wenn diese Stimme sagt: »Das stimmt so nicht!«, versuch nicht, sie zu ignorieren und zum Verstummen zu bringen. Werde stattdessen neugierig! Versuch herauszufinden, was sie dir sagen will! Was *genau* stimmt nicht? *Warum* fühlst du dich so unwohl? Bedienst du ein Klischee, das du selbst scheußlich findest? Bist du nicht ehrlich? Gehst du noch nicht weit genug? Funktioniert eine Handlung für dich noch nicht und du versuchst, es zu erzwingen? Bist du ins Vortäuschen von Gefühlen gerutscht, in Zustände? Stimmen der Rhythmus und das Timing nicht? Bist du an der falschen Position im Raum?

Es gibt unzählige Gründe, warum dein Instinkt widerspricht. Hör auf ihn. Lass ihn dir von niemandem verbieten. Such weiter, bis du etwas findest, was für dich funktioniert.

Du darfst dir jedoch vom künstlerischen Instinkt nicht vorschreiben lassen, was du ausprobierst. Auch wenn er schon vorher sagt »das wird nicht stimmen«, gib dir die Möglichkeit, herauszufinden, ob er recht hat, indem du es erst einmal tust. Manchmal fühlen sich Dinge ganz anders an, als man vorher denkt. Ich glaube nicht daran, dass der Instinkt *vorher* schon alles weiß, er reagiert im Moment des Handelns. *Während* du etwas tust, wird er sich wehren, wenn es nicht stimmig ist. Und genauso wird er dir ein gutes Gefühl geben, wenn eine Sache für dich passt. Meine Schüler:innen kommen oft auf eine ganz neue Ebene in ihrer Arbeit, wenn sie beginnen, ihrem Instinkt zu vertrauen.

Die Angst, Regieanweisungen misszuverstehen

Ein anderer Aspekt ist die Angst, eine Regieanweisung misszuverstehen. Aber die Zusammenarbeit von Regisseur:innen und Schauspieler:innen besteht nicht einfach darin, dass die eine Seite sich etwas ausdenkt und die andere Seite diese Vision so genau wie möglich umsetzt. Natürlich gibt es Regisseur:innen, die sich genau das wünschen und kaum Interesse an kreativem Input der Schauspieler:innen haben. Doch das ist eher die Ausnahme als die Regel. Grundsätzlich sind Proben Teamarbeit. Nur aus dem kreativen Zusammenspiel genau dieser Menschen kann exakt diese Inszenierung entstehen. Missverständnisse sind Teil der Arbeit.

Ich habe beim Unterrichten meine Angst vor Missverständnissen verloren, denn immer wieder entstehen aus missverstandenen Regieanweisungen wundervolle Ideen, auf die wir sonst gar nicht gekommen wären! Manchmal auch nicht, dann versuche ich, mich noch einmal klarer auszudrücken. Denn ob eine Regieanweisung für die Schauspieler:innen verständlich ist oder nicht, fällt meiner Meinung nach in die Verantwortung des Regisseurs, nicht in die der Schauspielerin!

Es gibt ein sehr gutes Buch über spielbare und unspielbare Regieanweisungen. Leider ist es vergriffen und wird nicht mehr gedruckt: *Schauspielerführung in Film und Fernsehen* von Judith Weston. (Du kannst es aber in Bibliotheken oder antiquarisch bestellen.) Es richtet sich an Regisseur:innen, ist aber auch für Schauspieler:innen sehr erhellend. Die Grundannahme ist, dass es Regieanweisungen gibt, die spielbar und andere, die unspielbar sind, und dass man lernen kann, spielbare Anweisungen zu geben, wenn man den Unterschied versteht. Leider ist es nicht so, dass alle Regisseur:innen diese Unterscheidung kennen. Es kann dir also passieren, dass du Regieanweisungen bekommst, die nicht spielbar sind. Mit der Zeit lernst du, diese selbst in etwas Spielbares zu übersetzen. Spielbar sind Aktionen, unspielbar sind Zustände. Mehr dazu erkläre ich im Kapitel *Handlungen statt Zustände*.

Wichtig ist fürs Erste, die Scheu zu verlieren, eine Regieanweisung auszuprobieren, auch wenn du dir nicht sicher bist, ob du sie richtig verstanden hast. Es wird immer Missverständnisse geben. Eine gute Regisseurin weiß das und akzeptiert es als Teil der kreativen Arbeit. Also wird dir ein Missverständnis nicht als Versagen angerechnet. Entweder wird der Regisseur seine Idee noch einmal anders erklären und man probiert aus, ob man sich dem annähern kann – oder man entdeckt etwas Neues. Ich glaube, dass Missverständnisse oft kreative Ideen meiner Schüler:innen freisetzen. Etwas, das ich gesagt habe, löst bei ihnen eine Idee aus. Und das ist dann nicht meine Idee, sondern ihre eigene, was ich begrüße, denn es geht ja beim Erarbeiten der Vorsprechszenen nicht um *meine* Vision, sondern um die der Schauspieler:innen.

Vom Umgang mit Lampenfieber und Aufregung

Bei Prüfungen, Premieren, aber auch den ersten Proben mit einem neuen Team kann Lampenfieber ein großes Problem sein. Natürlich wird, je nachdem wie wichtig für dich diese Probe oder Aufführung ist, auch der Grad deiner Aufregung unterschiedlich sein. Sei dir bewusst, dass Lampenfieber und Aufregung körperlich-emotionale Reaktionen auf unkontrollierbare Situationen sind. Rein biologisch gesehen kommen sie aus dem Reptiliengehirn, das nicht nachdenkt, sondern mit Emotionen reagiert, um dich zu schützen. Aufregung entsteht durch Adrenalin. Es ist ein Versuch deines Körpers, dich in die Lage zu versetzen, dich gegen eine Gefahr zu verteidigen. Mit Angriff oder Flucht. Das heißt, Adrenalin soll Bewegung vorbereiten. Und tatsächlich verbraucht der Körper Adrenalin durch Bewegung. Wenn du dich bewegst, sinkt der Adrenalinspiegel wesentlich schneller als im Ruhezustand.

Es kann zwar sinnvoll sein, mit Ruhe, Meditation und ähnlichem zu versuchen, erst gar nicht allzu aufgeregt zu werden. Aber wenn du schon aufgeregt *bist*, wenn dein Lampenfieber und deine Aufregung nicht mehr hilfreich sind, sondern ablenkend und unangenehm, nützen diese Methoden nichts mehr. Dann braucht dein Körper die Möglichkeit, das Adrenalin abzubauen, um wieder auf ein Level zu kommen, das gut ist zum Spielen. Durch Bewegung! Aufregung kann ja auch Vorfreude, Spielfreude, Wachheit und Energie bedeuten. Es geht nur um das Level von Aufregung und Adrenalinspiegel.

Untersuche, was dir vor einem Vorsprechen guttut: Wie viele Proben? Und wann? Wie oft Textlernen? Wann etwas ganz anderes machen und dich ablenken? Kannst du am Morgen einer Prüfung Kaffee trinken oder nicht? Hilft es dir, morgens mit Yoga anzufangen oder joggen zu gehen? Macht es dich nervös, wenn du zu früh da bist oder wenn du beinah zu spät kommst? Wie findest du am Abend vorher am besten in den Schlaf? Oder ist eine kurze Nacht für dich vielleicht gar nicht schlecht? Mit wem magst du vorher sprechen, wen meidest du lieber? Wem erzählst du überhaupt von dem Vorsprechtermin? Tut es dir gut, dich mit den anderen Prüflingen zu unterhalten? Oder bleibst du lieber für dich? Dann trau dich, das zu sagen! Wann und was isst du, während du wartest? Wann und wie wärmst du deinen Körper und deine Stimme auf, um möglichst voller Energie und Durchlässigkeit ins Vorsprechen zu gehen? Gehst du die Szenen oder Texte noch einmal durch oder lieber nicht?

Und wenn doch zu viel Nervosität entsteht: Bewege dich! Irgendeine Möglichkeit dafür gibt es immer. Lauf den Gang oder die Treppen auf und ab. Oder gibt es ein Aufwärmtraining für euch? Wenn ihr euch gegenseitig zuschaut, trau dich, vor die Tür zu gehen, um dich abzuregen oder warmzumachen, bevor du an der Reihe bist. Die Dozent:innen wollen dich so gut wie möglich spielen sehen! Professionelle Schauspieler:innen gehen nicht auf die Bühne, ohne sich vorher warmzumachen. Du kannst, bevor du zu spielen beginnst, ein paar Liegestützen oder Luftsprünge machen, um überschüssiges Adrenalin loszuwerden.

Wenn das nicht ausreicht, um dein Lampenfieber in den Griff zu kriegen, schau nochmals auf die Themen Perfektionismus, Unsicherheit und Angst vor Verletzlichkeit. Übe dich darin, aus der Komfortzone herauszugehen. Wenn es wesentlich tiefergehende Dinge sind, die dich behindern, könnte es gut und hilfreich sein, darüber nachzudenken, ob es Themen gibt, die du anstatt im Schauspielunterricht lieber parallel dazu in einer Therapie bearbeiten willst. Denn Schauspiellehrerinnen und Regisseure sind keine Psycholog:innen. Sie haben immer zuerst die Kunst im Blick, nicht in erster Linie dein Wohlergehen. Sie sind keine Profis darin, mit tieferliegenden Problemen oder Traumata umzugehen. Wenn dich so etwas beschäftigt, such dir dafür professionelle Hilfe. Du verdienst gute und kompetente Unterstützung! Das kann befreiend für dich als Künstler:in sein und vieles vereinfachen. Oder dich sinnvoll begleiten, während du dich auf die aufregende Reise ins Künstlersein machst.

Was ich unbedingt sagen möchte: Alkohol und Drogen sind hier keine Hilfe! Nimm nicht diese scheinbare Abkürzung, um dich zu beruhigen. So löst du das Problem nicht, sondern verschiebst es nur und machst es auf die Dauer wesentlich schlimmer! Schauspieler:innen, die nicht lernen, auf gesunde Art und Weise mit Angst, Unsicherheit und Lampenfieber umzugehen, werden in diesem Beruf nicht alt. Oft leider wörtlich nicht. Pass auf dich auf. Löse die Probleme, anstatt sie zu betäuben. Lampenfieber wird dich dein gesamtes Berufsleben begleiten. Es gehört dazu und wir müssen einen Umgang damit finden, der uns nicht schadet.

Manchmal ist übermäßiges Lampenfieber ein Zeichen dafür, dass deine Szenen noch nicht klar genug gearbeitet sind und du mehr Vorbereitung gebraucht hättest. Dann arbeite vor dem nächsten Termin daran, so dass du dich beim nächsten Vorsprechen sicherer fühlst.

Wenn die Angst tiefer geht – Theater und Therapie

Hin und wieder arbeite ich mit Schüler:innen, bei denen die Blockaden, Ängste oder Selbstzweifel tiefer gehen.

Wenn du das Gefühl hast, dass dich persönliche Schwierigkeiten extrem in deiner künstlerischen Arbeit behindern – oder durch die künstlerische Arbeit seelische Verletzungen und Probleme an die Oberfläche kommen, denk darüber nach, ob du neben der Arbeit an deiner Kunst eine Therapie machen möchtest.

Vergiss das alte Klischee, dass es für Künstler:innen wichtig ist, seelisch gebrochen zu sein und den ganzen Schmerz in die Kunst zu legen. Hab keine Angst, dass du deinen künstlerischen Ausdruck verlierst, wenn du durch eine Therapie besser mit dem Leben und deinen Gefühlen zurechtkommst. Eine Therapie kann helfen, mit den eigenen Problemen besser zurechtzukommen, aber sie nimmt dir nicht die Erinnerung und das Verständnis für die Erfahrungen, die du durchgemacht hast. Und das ist ein Fundus an Wissen, Erfahrung und Mitgefühl, aus dem du künstlerisch schöpfen kannst, auch wenn es dir selbst besser geht! Es ist aber nicht notwendig, »durchtherapiert« zu sein, also allen seelischen Ballast überwunden zu haben, um mit einem Schauspielstudium anzufangen. Es ist nicht nötig, im Privaten alle Blockaden überwunden zu haben, um künstlerisch interessante Arbeit zu leisten.

Wenn du eine persönliche Last mit dir herumträgst, kann es sein, dass du als Künstler, als Künstlerin sehr wertvolle Dinge zu geben hast, die ohne diese Erfahrung nicht möglich wären. Aber du musst sie nicht unbehandelt weitertragen, um sie künstlerisch nutzbar zu machen.

Was du nicht vergessen solltest: Der Schauspielerberuf ist extrem fordernd! Die Arbeit ist körperlich und seelisch oft anstrengend. Du musst dich immer wieder öffnen, die Kontrolle loslassen und viel von dir geben, egal wie es dir gerade geht. Um in diesem Beruf gut leben und gut arbeiten zu können, ist es hilfreich, wenn du nicht zusätzlich mit dir selbst zu kämpfen hast. Wenn du dich entschließt, eine Therapie zu beginnen, achte darauf, eine Therapieform und eine Therapeutin oder einen Therapeuten zu finden, die dir wirklich guttun.

Natürlich vermischt sich das Künstlerische in der Schauspielerei immer wieder mit psychologischen und seelischen Dingen, besonders wenn es um Themen geht, bei denen du besonders verletzbar bist.

Aber Theater ist nicht der Ort für therapeutische Arbeit. Lass dich nicht von künstlerisch ambitionierten Laien »behandeln«.

Selbstwert – »Bin ich interessant genug?«

Manchmal taucht die Frage auf: »Bin ich überhaupt interessant genug?« Damit einher geht oft der Versuch, originell, brillant oder extrem zu spielen. Manchmal vergleicht man sich mit anderen: »Ist die besser als ich? Ist der lustiger? Lockerer? Lauter? Emotionaler? Dramatischer?«

Meine Antwort darauf ist: Jeder Mensch ist ein interessanter Mensch. Jedes Leben ist angefüllt mit interessanten Momenten, mit Leid und Freude, Verlust, Ängsten, Mut, Liebe, Einsamkeit, Unsicherheit und Verletzungen.

> »Jeder Mensch ist ein Abgrund; es schwindelt einem, wenn man hinabsieht«, sagt Woyzeck in Büchners Stück.[9]

Die Frage ist nur, wie tief man hinabsehen kann. Ob jemand unser Interesse weckt, liegt nicht daran, ob der Mensch an sich interessant ist, sondern wie nah wir ihm kommen, wie weit wir in seine Seele, seine Tiefen hinabsehen dürfen. Dasselbe gilt für Schauspieler:innen: Nicht die originellsten sind die interessantesten, sondern die mutigsten. Diejenigen, die uns in ihre Abgründe schauen lassen. Menschen gehen nicht ins Theater, weil sie möglichst ungewöhnliche Menschen beobachten, sondern weil sie sich selbst und ihre eigenen Themen wiederfinden wollen. Nicht das Originellste ist besonders fesselnd, sondern im Gegenteil das Allgemeinmenschliche. Die großen Klassiker bleiben aktuell, weil sie allgemeinmenschliche Probleme behandeln. Wenn wir an das Allgemeinmenschliche herankommen, wird Schauspiel auch weltweit verstanden. Es überwindet die kulturellen Unterschiede und erreicht eine Ebene, in der sich alle Menschen wiederfinden können. Dann ist es egal, ob ein Stück in einem brandenburgischen Dorf, im antiken Griechenland oder in einer afrikanischen Großstadt spielt.

Du musst nicht originell oder brillant sein. Die Frage ist, wie mutig, wie offen, wie durchlässig du bist. Wenn du dich traust, dahin zu

---

9 Georg Büchner: *Woyzeck*, Stuttgart: Reclam, 1986, S. 18.

gehen, wo du unsicher wirst, wo du nicht mehr unter Kontrolle hast, was man von dir sieht, wird es immer spannend. Wenn du dahin gehst, wo es wehtut oder wo deine Begeisterung erwacht. Keiner kann eine Rolle genauso spielen wie du, denn wir alle tragen eine Mischung von biologischen, gesellschaftlichen, familiären, kulturellen und historischen Einflüssen in uns, die es in dieser Kombination nur einmal gibt. Jede:r von uns ist für die anderen wie ein Spiegel, in dem sie sich selbst erkennen können. Aber keiner dieser Spiegel ist gleich. Und so ist jeder Schauspieler und jede Schauspielerin interessant als Mensch und als Künstler:in. Durch dich – in dir – können Menschen sich selbst auf eine Art erkennen, die niemand sonst ihnen geben kann.

Schauspiel ist kein Wettbewerb. Auch wenn man es in der Prüfungszeit manchmal vergisst. Es gibt keine objektiv besten Schauspieler:innen – und kann es nicht geben. Wir alle tun unseren Teil, um den Menschen durch unsere Kunst ein Kaleidoskop von Eindrücken, Geschichten und Figuren zu bieten. Die Zuschauenden mit ihren jeweils anderen Interessen, Themen und Lebenssituationen finden darin die Dinge, die zu ihnen sprechen. Nicht weil sie am besten wären, sondern weil sie dem jeweiligen Menschen in genau diesem Moment am meisten zu sagen haben.

Vergiss also die Frage, ob du interessant genug bist. Du bist es, wie jeder andere Mensch auch. Der entscheidende Punkt ist, wie viel du zu geben bereit bist. Du kannst deinen Mut und dein Handwerk entwickeln, damit du immer mehr zu geben hast. Damit es dir immer leichter fällt, deinen Teil zu geben, ohne dich selbst zu behindern. Versuch lieber, Original zu sein anstatt originell. Denn das ist viel facettenreicher. Es erlaubt dir, alle deine Anteile einzubringen, die besonderen *und* die alltäglichen. Alles, was du bist und was in dieser Form nur ein einziges Mal existiert.

»Ich bin nicht extrovertiert genug!«

Immer wieder bemerke ich bei Schüler:innen die Überzeugung, dass nur extrovertierte Menschen Schauspieler:innen werden können. Sie kann sich darin äußern, dass du andere beneidest, die große Selbstsicherheit ausstrahlen, die keine Zweifel an sich selbst und ihrem Talent zu haben scheinen. Oder du verurteilst dich selbst dafür, dass du zu viele Unsicherheiten, Zweifel und Ängste hast. Oder du meinst, erst all deine Unsicherheiten loswerden zu müssen, bevor du richtig anfangen kannst zu proben und zu spielen. Vielleicht verlangst du auch von dir, extrovertierter und selbstsicherer zu sein als du bist. Oder du glaubst, es hat sowieso keinen Sinn, es mit dem Schauspiel zu versuchen, weil es andere gibt, denen alles scheinbar so viel leichter fällt.

Dieser Eindruck kann verstärkt worden sein, wenn du in Gruppen gespielt hast, in denen andere wesentlich sicherer wirkten als du dich gefühlt hast oder in denen die extrovertiertesten Leute die meisten positiven Reaktionen bekommen haben. Manche Schauspiellehrer:innen neigen dazu, Schüler:innen besonders hervorzuheben, die angstfrei wirken. Verständlich, da es für den Lehrenden einfacher ist, mit ihnen zu arbeiten, aber es ist nicht hilfreich für alle anderen. Es wäre vollkommen uninteressant, wenn nur eine Sorte Mensch Schauspieler:in werden würde. Wie sollten wir ausgewogene und komplexe Geschichten erzählen, in denen sich alle Menschen wiederfinden können? Wir brauchen dafür alle möglichen Temperamente, Erfahrungen und Lebensgeschichten. Genau wie wir alle möglichen Varianten von Körpern, Herkünften und Gendervariationen brauchen. Auch für das Spektrum von introvertiert zu extrovertiert, von zweifelnd zu selbstsicher gilt: Es braucht alle Variationen!

Abgesehen davon sieht Selbstbewusstsein von innen oft sehr anders aus als von außen. Manchmal ist es nur ein anderer Zeitpunkt auf dem Weg. Manchmal ist es die Verkleidung von Unsicherheit. Manchmal ist es eine Weigerung, etwas zu wagen und die Bereiche zu verlassen, die man als kontrollierbar empfindet. Jeder Mensch kennt Unsicherheit und Zweifel, die Angst vor Beschämung und Ausgeschlossensein. Wir haben jedoch unterschiedlich prägende Erfahrungen und einen unterschiedlichen Umgang damit.

Versuch, Unsicherheiten und Ängste als Teil der künstlerischen Arbeit zu verstehen und zu akzeptieren. Lass dich von deinen Ängsten und Zweifeln nicht von der Arbeit abhalten. Nimm sie als Material. Sie sind Teil deiner künstlerischen und persönlichen Entwicklung, Teil des Arbeitsprozesses. Sie sind das Material für die Figuren, die du spielst. Sie sind der Fundus, aus dem du schöpfst. Wir erzählen keine Geschichten von Menschen, die ohne die geringste Erschütterung durch ihr Leben gleiten, unbeirrt von jeglichem Gefühl der Unsicherheit, ohne jedes Ereignis, das sie aus ihrer traumwandlerischen Selbstsicherheit reißen könnte. Das sind nicht die Geschichten, aus denen ein Drama entsteht. Und vermutlich existiert ein solches Leben auch nicht. Selbst wenn jemand von außen so erscheint, als ob ihm alles leichtfällt, ist das niemals die ganze Wahrheit über einen Menschen und sein Leben. Und darauf kommt es an bei den Geschichten, die wir erzählen: Wir geben jedem und jeder die Möglichkeit, sich mit seinen und ihren Gefühlen, Erlebnissen und Ängsten weniger allein zu fühlen.

Das Ziel ist, dass du dich mit deinen Unsicherheiten im Reinen fühlst. Es geht nicht darum, alle Ängste zu überwinden, um danach erst der Mensch zu sein, der in der Lage ist, Schauspieler:in zu sein. Das ist eine der größten Blockaden überhaupt: »Ich bin unsicher, also kann ich nicht spielen.« Das ist großer Unsinn. Unsicherheit gehört dazu. Lerne, *mit* ihr zu arbeiten anstatt gegen sie!

Du bist interessanter, wenn du dich *nicht* auf dich selbst konzentrierst!

Ein grundsätzlicher Ratschlag für das Proben, aber auch für das Spielen der fertigen Szenen beim Vorsprechen, ist, dich total auf dein Gegenüber zu konzentrieren. Wir neigen so leicht dazu, uns beim Spielen selbst zu beobachten und zu bewerten, wie gut wir gerade spielen oder »wie es läuft«. Ganz besonders in einer Prüfungssituation! Das ist ein Versuch, die Kontrolle zu behalten, sich weniger angreifbar zu machen. Es ist ein absolut verständliches Verhalten – aber es ist auch vollkommen kontraproduktiv!

Die Figur, die du spielst, hat normalerweise ein so wesentliches Problem zu lösen, dass sie dabei keinen Gedanken daran verschwendet, wie sie von außen wirkt. Sie hat meist einen Konflikt mit jemandem, den sie lösen möchte. Sie hat ein Bedürfnis, dass sie unbedingt erfüllt haben will und sie versucht alles, um ihr Gegenüber dazu zu bringen, zu tun, was sie sich wünscht. Deshalb ist es für die Zuschauenden merkwürdig, wenn ein großer Teil deiner Aufmerksamkeit nicht bei deinem Gegenüber und bei der Lösung des Problems ist, sondern bei dir selbst und deiner Wirkung. Es ist also *inhaltlich* falsch.

Außerdem kann ich dir aus meiner Erfahrung sagen, dass es für Schauspieler:innen fast unmöglich ist, zu erkennen, ob sie gerade gut spielen oder nicht und ob die Vorstellung »gut läuft«. Was wir manchmal spüren können, ist, ob die Konzentration im Raum noch da ist oder nicht. Das ist aber in einer Vorsprechsituation kein direkter Hinweis darauf, ob es »denen« gefällt oder nicht. Es kann auch sein, dass die Prüfenden überlegen, ob sie genug gesehen haben, um eine Entscheidung zu treffen, oder ob sie dich in einer weiteren Rolle sehen möchten. Oder sie verständigen sich, ob sie mit dir an einer Szene arbeiten wollen. Oder ob ein Mitglied der Prüfungskommission sich gleich noch einen Kaffee holen kann oder ob sie nach deinem Vorsprechen eine Toilettenpause brauchen.

Ob du selbst das Gefühl hast, gut zu spielen oder nicht, hat wenig mit der tatsächlichen Qualität zu tun. Oft ist es eher Ausdruck davon, wie du dich an diesem Tag fühlst, ob du unausgeschlafen oder angespannt bist. Es wird erst zu einem Einfluss auf die Qualität der Szene, wenn du zu viel darüber nachdenkst. Damit kannst du dein Vorsprechen tatsächlich negativ beeinflussen. Wenn du unzufrieden mit dir selbst bist, merken die Zuschauenden das und fühlen sich nicht mehr wohl. Die Unzufriedenheit nimmt dann manchmal mehr Raum ein als die Szene selbst.

Die einfachste Möglichkeit, dich nicht zu sehr mit dir selbst zu beschäftigen, ist es, dich vollkommen auf deine Anspielpartner:innen zu konzentrieren. Und dabei die Prüfenden nicht als *Prüfer:innen* wahrzunehmen, sondern als *Partner:innen*. Das heißt, alles, was sie tun, bewertest du als Figur. Du liest an ihren Blicken, Gesten, Bewegungen und ihrem Gesichtsausdruck ab, ob die Figur ihrem Ziel und der Erfüllung ihrer Bedürfnisse näherkommt oder nicht. So kannst du zwei Dinge gleichzeitig erreichen: Einerseits kannst du dich vom Nachdenken über dich selbst und die Qualität deines Spiels ablenken und andererseits bekommst du bei jedem Vorsprechen reale, neue Impulse von deinen Anspielpartner:innen, die du für dein Spiel verwenden kannst. Sie können deine Szenen beeinflussen und du wirst auf diesem Weg immer neue Variationen finden können. So werden die Vorsprechszenen nicht langweilig oder allzu routiniert, sondern können jedes Mal neu entstehen. Und nach diesem Spielzustand, als ob die Situation gerade im Moment neu entstehen würde, suchen wir ja ohnehin.

Darfst du jetzt nie wieder den Gedanken haben wie »Oh, es läuft aber gerade gar nicht gut!« oder »Das habe ich aber eben gut hingekriegt!« oder »Ich glaube, es gefällt ihnen nicht!«? Doch, natürlich dürfen diese Gedanken aufkommen. Das lässt sich gar nicht komplett verhindern. Aber du solltest sie nicht als Wahrheiten ansehen, sondern als Gedanken, die stimmen können oder auch nicht. Nimm dir nach dem Vorsprechen die Zeit zu reflektieren, wie es für dich gelaufen ist, was gut geklappt hat und was nicht. Denk darüber nach, was du so ähnlich wieder machen und was du beim nächsten Mal ändern willst. Gib diesen Reflexionen den Raum, den sie brauchen, um dir weiterzuhelfen. Aber wenn sie während des Spielens aufkommen, sag dir: »Ich habe jetzt keine Zeit, darüber nachzudenken, ich muss mich gerade aufs Spielen und auf mein Gegenüber und das Problem der Figur konzentrieren!« Lass dich von ihnen nicht ablenken, grüble nicht darüber. Die einfachste Möglichkeit, diese Gedanken abzuschütteln, liegt darin, sich sofort wieder ganz auf deine:n Partner:in zu konzentrieren.

Wenn in der Prüfung mit dir gearbeitet wird

Es kann passieren, dass du in der Aufnahmeprüfung mit Dozent:innen an einer Szene arbeiten kannst, manchmal schon in der ersten Runde, häufiger in den weiteren Runden. Wenn jemand dich unterbricht und dir eine neue Regieanweisung gibt, mach dir klar, dass es ein Zeichen von Interesse an dir und deiner Arbeit ist. Niemand wird dich abbrechen und mit dir arbeiten, weil du es so schlecht machst! Wenn mit dir gearbeitet wird, ist das keine Kritik, sondern eine Auszeichnung. Du solltest dir innerlich auf die Schulter klopfen. Es bedeutet, dass Interesse an dir als Künstler:in besteht. Die Prüfenden wollen dich genauer kennenlernen. Das Wichtigste ist jetzt Offenheit. Lass dich auf die Arbeit ein. Sei auch selbst interessiert an deinem Gegenüber. Hör zu, denk mit, probiere aus – und setz dich möglichst nicht unter Druck, jetzt in Sekundenbruchteilen genau das »abliefern« zu müssen, was »die sehen wollen«. Oftmals wissen die Dozent:innen das gar nicht so genau, sondern wollen dich in der Arbeit kennenlernen. Oder sie möchten dir helfen, noch weiter zu gehen, lockerer zu werden, stärker oder klarer in deiner Darstellung. Manchmal sind sie auch selbst inspiriert von deiner Szene und wollen etwas ausprobieren. Es ist kein Test: »Kann sie die Szene auch folgendermaßen spielen? Wie schnell kann er meine Regieanweisung umsetzen?« Und auch keine Kritik: »So kann man diese Szene nicht spielen, man muss sie anders spielen!« Es kommt an dieser Stelle wesentlich mehr auf deine Arbeitshaltung an als auf das Ergebnis.

Wenn sie dich abbrechen

In vielen Schulen wird vorher angekündigt, dass man möglicherweise abgebrochen wird. In ein paar Schulen darf man die erste Szene ausspielen und erst ab der zweiten kann unterbrochen werden. Aber was bedeutet es, wenn sie dich »abbrechen«? Eine Szene abzubrechen ist keine Kritik! Es heißt nicht, dass du schlecht gespielt hast oder die Szene nicht gefällt. In der ersten Runde an der UdK, an der ich studiert habe, habe ich nur zwei von vier Szenen gespielt – und beide Szenen sind so schnell abgebrochen worden wie nirgendwo sonst. Ich denke, die Dozent:innen waren sich sehr schnell sicher, dass sie mich in der zweiten Runde wiedersehen wollten. Abgebrochen bzw. unterbrochen zu werden muss also kein schlechtes Zeichen sein. Es kann damit zu tun haben, wie viel Zeit die Prüfenden noch haben oder dass sie gern mehrere Rollen von dir sehen wollen. Du kannst die Gründe nicht wissen, deshalb solltest du nichts hineininterpretieren. Dann kannst du dich besser auf die nächste Szene konzentrieren, die du spielen wirst, ohne dir im Hinterkopf Gedanken zu machen. Es ist sowieso extrem schwierig zu spüren, ob die Prüfenden dich gerade gut finden oder nicht.

Vor einigen Jahren habe ich mich bei einem Vorsprechen völlig verschätzt. Die Intendantin sagte nach zwei Szenen, sie hätte genug gesehen. Die Dramaturginnen wollten aber gern eine weitere Szene sehen und noch eine und noch ein Lied und noch ein anderes Lied. Mein Eindruck war, dass die Intendantin – im Gegensatz zu ihren Dramaturginnen – kein Interesse an mir hatte. Am nächsten Tag rief sie mich an und lud mich zu einer Arbeitsprobe ein. Da wurde mir klar, dass die Theaterleiterin sich wohl schon nach zwei Szenen sicher war, mich genauer kennenlernen zu wollen und deshalb abgebrochen hatte.

Denk während des Vorsprechens nicht darüber nach, ob es »ihnen« gefällt oder nicht. Das kannst du hinterher tun, wenn du mehr weißt. Wenn der Gedanke doch auftaucht, nimm ihn nicht ernst! Sei dir bewusst, dass dieser Eindruck wahr oder komplett falsch sein kann. Konzentriere dich lieber auf deine Arbeit.

Männer- und Frauenbilder – wenn Gender-Klischees dich irritieren

Ein Thema, das uns im Unterricht immer wieder beschäftigt, ist der Umgang mit Männer- und Frauenbildern in Texten und in unseren Interpretationen. Ich finde, du kannst jeden Text verwenden, unabhängig davon, ob er für Männer oder Frauen geschrieben wurde. Im Theater ist alles möglich.

Ein anderer Punkt ist: Was machst du, wenn vom Text oder von der Regie ein bestimmtes Rollenbild vorgegeben ist, mit dem du dich nicht wohlfühlst? Ich finde es wichtig, das Problem erst einmal zu identifizieren! Oft ist das ganz unbewusst und du bist dir nicht darüber im Klaren, was dich eigentlich stört.

Besonders bei Frauenrollen in klassischen Stücken kann es schwierig sein, einen guten Zugang zu finden. Wenn der Text, an dem du arbeiten willst, dir scheinbar ein Frauen- oder Männerbild vorgibt, das du unangenehm findest, gibt es verschiedene Möglichkeiten, damit umzugehen. Als Erstes solltest du dir die Situation, die Zeit, die Gesellschaft, das System, in dem eine Figur sich bewegt, genau ansehen. Ich habe mit einer Schülerin einige Szenen erarbeitet, die wir genau danach ausgesucht haben, dass das Frauenbild sie auf Anhieb geärgert hat. Im tieferen Einsteigen in die Arbeit zeigte sich jedes Mal, dass diese Frauen nicht einfach »so sind«, sondern dass sie bestimmte Taktiken benutzen, um ihre Ziele in einer sie benachteiligenden Situation zu erreichen.

Ein Beispiel ist für mich die Anfangsszene aus *Kabale und Liebe*, in der Luise ihren Vater überredet, sie weiterhin ihren Liebsten treffen zu lassen. Luise inszeniert sich in dieser Szene als absolut rein und unschuldig, aufopfernd und ohne jeden Hintergedanken. Ich fand es immer unglaubwürdig, wenn die Szene so gespielt wird, als ob sie alles, was sie sagt, ernst meint! Aber wenn man sich bewusst macht, dass ihr Vater die Macht hat, ihr den Umgang mit ihrem Freund zu verbieten, ist ihr Verhalten ihm gegenüber vollkommen verständlich. Sie ist sehr geschickt darin, ihm zu sagen, was er hören will: um ihm etwas abzuschmeicheln. Das ist kein besonders seltsames Verhalten für einen Teenager. Das heißt nicht, dass Luise naiv oder heilig ist – wie sich im Verlauf des Stücks deutlich zeigt. Wenn sie die Möglichkeit hätte, sich auf andere Art zu wehren, würde sie es wahrscheinlich tun.

Wenn du das System, in dem eine Figur sich bewegt, verstehst und gleichzeitig davon ausgehst, dass Menschen früher auch nicht anders waren als heute, kannst du dich von Klischeevorstellungen befreien und wesentlich nachvollziehbarere und echtere Menschen entdecken. Und selbst wenn ein Autor oder eine Autorin tatsächlich klischeehafte Vorstellungen von Männern oder Frauen hatte, kann man einiges dagegensetzen, ohne den Text zu verraten.

Du kannst dich natürlich auch in der Szene mit deinem Widerwillen auseinandersetzen. Nicht im Sinne von »überwinde ihn«, sondern indem du ihn in deine Szenengestaltung auf eine interessante Art einbeziehst. Arbeite mit dem Widerstand anstatt ihn wegzudrücken oder die Szene innerlich abzuwerten. Untersuche ihn! Einige klassische Stücke sind bewusst so geschrieben, dass sie dieses Unbehagen mit den herrschenden Verhältnissen hervorrufen sollten – beim Publikum. Sie sind Anklagen an ein ungerechtes System, auch wenn das für uns, die wir im 21. Jahrhundert leben, nicht immer sofort erkennbar ist.

Dasselbe gilt ebenso für Männerrollen und -bilder. Es gibt Figuren, die selbst unter dem Männerbild leiden, das sie glauben erfüllen zu müssen. Liliom im gleichnamigen Stück von Ferenc Molnár fällt mir sofort ein oder Kasimir in *Kasimir und Karoline* von Ödön von Horvath. Das kann ein spannendes Thema für eine Szene sein. Natürlich haben auch unsere eigenen, teils unbewussten Klischeevorstellungen von Männlichkeit und Weiblichkeit einen Einfluss. Es ist äußerst spannend und lohnenswert, sich damit zu beschäftigen. Egal, wo du dich im Genderspektrum verortest, schau dir die Bereiche an, die du für dich als passend, aber auch die, die du als unpassend empfindest. Welche Gefühle, welches Verhalten, welche Bewegungen und Töne, welche Körperlichkeiten bewertest du als für dich erlaubt und welche nicht?

Es ist immer wieder verblüffend für mich zu sehen, wie stark unsere traditionellen Männer- und Frauenbilder noch wirksam sind. Viele junge Frauen haben große Schwierigkeiten damit, Aggression zu zeigen, Raum einzunehmen und Druck auszuüben. Und viele junge Männer haben Angst vor den zarten Momenten, die wie Schwäche aussehen könnten. Wenn das bei dir so ist, mach dir keine Vorwürfe, denn das ist ein Erbe, an dem wir alle miteinander zu arbeiten haben. Aber werde dir bewusst, wo deine Tabus liegen. Jeder Bereich, den du dir nicht erlaubst, begrenzt deine Ausdrucksfähigkeit und deine Bandbreite. Das gilt übrigens auch für die Rollenbilder, die man bewusst ablehnt! Es kann für eine Szene absolut richtig und wichtig sein, den Macho oder die Femme fatale zu spielen. Wir können uns in den Szenen, die wir spielen, nicht immer »korrekt« verhalten, denn wir erzählen ja Geschichten von Menschen, die sich oft ganz und gar unkorrekt verhalten!

Fürs Vorsprechen empfehle ich nicht unbedingt Szenen, die dich vor diese Herausforderung stellen. Aber es kann eine gute Übung sein, sich bewusst mit solchen Figuren zu beschäftigen. Falls sie so gut werden, dass du sie in dein Repertoire aufnehmen willst, tu das. Aber sie sollten auch scheitern können und einfach nur als Übungsmaterial verwendet werden dürfen. Du wirst aus diesen Arbeiten vieles mitnehmen, selbst wenn die Szenen am Ende nicht besonders gut funktionieren.

Ich bin der Meinung, dass wir alle zum Aufweichen der Genderklischees beitragen können, wenn wir lernen, als Schauspieler:innen all unsere Möglichkeiten zu nutzen und bewusst mit den Rollenmustern umzugehen, anstatt sie unbewusst in uns arbeiten zu lassen.

Wenn ein Schauspiellehrer oder eine Regisseurin dich auf eine Art inszeniert, die sich für dich klischeehaft und unangenehm anfühlt, sprich es an. Vielleicht bemerkt es dein Gegenüber gar nicht oder meint es anders als du es hörst? Wenn es um deine Vorsprechszenen geht, schluck es nicht runter, denn wenn du dich mit der Interpretation unwohl fühlst, spürt man das. Versuch, es gemeinsam mit deinem Gegenüber zu ändern – und wenn dieses nicht bereit oder in der Lage dazu ist, ist es vermutlich an der Zeit, dir eine andere Person für die Regie zu suchen. Wenn es in der Arbeit mit Dozent:innen oder am Theater passiert, kann es kompliziert werden. Denn es ist natürlich für alle Seiten ein empfindliches Thema. Du kannst es ansprechen, aber auch versuchen, innerhalb der Inszenierung für dich selbst kleine Änderungen und Um-Interpretationen zu erfinden, die es dir möglich machen zu spielen, ohne dich unwohl zu fühlen. Wenn es für dich sehr unangenehm wird, sprich mit jemandem außerhalb der Produktion darüber und hole dir Unterstützung.

Trans sein und die Vorsprechzeit

Ich habe zweimal mit jungen trans Frauen gearbeitet, die beide tolle Schauspielerinnen sind. Eine wurde gleich an zwei Hochschulen angenommen und konnte sich ihren Studienplatz aussuchen, die andere hatte es – etwa zehn Jahre früher – in den ersten Runden sehr schwer mit den Prüfenden, arbeitet aber jetzt ohne staatliche Ausbildung als Schauspielerin.

Ich kann hier nicht aus eigener Erfahrung sprechen, aber eine meiner Schülerinnen hat mir erlaubt, ihre Erfahrungen zu teilen und vielleicht findest du darin etwas Hilfreiches, wenn du selbst während der Prüfungszeit in Transition bist.

Erst einmal: Du bist hier richtig! Im Theater werden verschiedenste Menschen gebraucht, alle Erfahrungen sind bereichernd und wertvoll. Und je mehr Diversität wir bei den Künstler:innen finden, desto mehr werden wir als Kunstform auch zu sagen haben.

Ein wesentlicher Punkt in der Arbeit meiner Schülerin war das Loslassen der Kontrolle darüber, ob sie auf der Bühne als weiblich gelesen wird oder nicht. »Auf der anderen Seite der Angst liegt der große Ausdruck«, sagt sie mir heute.

Ich erinnere mich an eine Probe, bei der sie an Abigail aus Arthur Millers *Hexenjagd* gearbeitet hat. Anfangs war sie sehr darauf bedacht, feminin zu wirken und bat mich darum, ihr dazu Rückmeldungen zu geben. Ich hatte das Gefühl, dass sie wesentlich freier arbeiten könnte, wenn sie sowohl feminine als auch maskuline Anteile nicht zensieren würde – weil für alle Schauspieler:innen gilt, dass es schwer ist, kreativ zu sein, wenn wir unsere Außenwirkung kontrollieren wollen. Nachdem wir darüber gesprochen haben, wurden ihr Spiel und ihre Fantasie viel freier. Auf einmal war es egal, ob ihre Abigail als cis oder trans Frau gelesen werden würde. Sie war nun sie selbst mit allen Facetten, allen Ausdrucksmöglichkeiten, all ihrer Kraft, Individualität, Kreativität und Inspiration.

Sie sagt mir, dass sie die Bühne mittlerweile als Raum versteht, wo ihre geschlechtliche Einordnung durch andere keine Rolle spielt und dass sie dadurch besser loslassen kann. Und dass das ein angenehmer Unterschied zu ihrem Alltagsleben ist. Ich denke, es ist wie mit allen Dingen, die wir auf der Bühne tun, ob trans oder cis, wenn wir uns erlauben, all unsere Facetten sehen zu lassen, haben wir mehr, aus dem wir schöpfen können. Wir sind in der Lage, die innere Zensur auszuschalten und frei, wild und kreativ zu sein.

Obwohl es in den Proben schon gut funktionierte, hatte sie bei den Vorsprechen später einen weiteren Aha-Moment, der ihr erlaubte, sich diese Freiheit auch beim Vorsprechen zu nehmen: Ein Dozent sagte zu ihr: »Sie verkaufen uns hier nur das Kleid! Gehen Sie doch mal in den Konflikt! Sie spielen so auf Wirkung!« Dadurch wurde ihr klar, dass sie in ihrer ganzen Transitionszeit extrem auf Wirkung bedacht war: »Wer bin ich im Spiegel der anderen?« Und dass sie für ihren Weg als Schauspielerin die Kontrolle darüber, wie sie geschlechtlich wirkt, würde loslassen *müssen* und *dürfen.* Für sie war das künstlerisch und persönlich eine wichtige Entwicklung. Und es war auch für mich in ihrer Arbeit wahrnehmbar, dass sie einen weiteren großen Schritt in ihre kreative Freiheit gegangen war.

Ein anderer Tipp, den sie selbst weitergeben möchte, ist: Mach die Vorsprechen, wann immer du soweit bist und setz dich nicht unter Zeitdruck. Die Altersgrenzen sind nicht mehr so streng wie sie früher waren. Für sie war es wichtig, Namens- und Personenstandsänderung abzuwarten, um sich den Prüfenden gegenüber nicht erklären zu müssen. Aber hör vor allem auf dein eigenes Gefühl.

Kann es passieren, dass dir Unverständnis, Ablehnung oder blöde Sprüche begegnen? Ja, leider. Wenn dir so etwas begegnet, versuch, es nicht auf dich zu beziehen, sondern als Ausdruck der Engstirnigkeit und Unsicherheit einzelner Dozent:innen zu verstehen, die möglicherweise mit ihren eigenen Männlichkeits- oder Weiblichkeitsbildern zu tun haben. Es ist aber in den letzten Jahren schon wesentlich besser geworden und ich hoffe, wir werden in Zukunft noch weiterkommen und alle Spielarten von Genderidentität als so selbstverständlich nehmen, dass dieses Kapitel irgendwann überflüssig wird.

Es gibt übrigens ein Netzwerk für trans, inter und nichtbinäre Menschen aus den darstellenden Künsten, wo du Informationen und Unterstützung bekommen kannst: Pa:tin.[10]

»Deutsch als Fremdsprache«

Es ist heutzutage kein Ausschlusskriterium mehr für ein Studium an einer deutschen Schauspielschule, eine andere Muttersprache zu haben, die eventuell in einem Akzent hörbar ist. Wenn Deutsch nicht deine Muttersprache ist, kann es hilfreich sein, sich mit der Sprache, die einen großen Teil deines künstlerischen Materials ausmachen wird, besonders intensiv zu beschäftigen.

Einen Tipp möchte ich weitergeben, den ich von einer meiner Schülerinnen habe. Sie ist in Deutschland aufgewachsen und deshalb war

10 Du findest die Internetadresse im Anhang.

uns beiden anfangs unverständlich, warum sie körperlich toll gespielt hat, aber der Text oft weniger intensiv war. Mit der Zeit sind wir dahintergekommen, dass Deutsch für sie eher eine sachliche Sprache war, die für Schule und Offizielles stand und weniger für Emotionales, Assoziatives und Kreativität. Denn sie hatte Geschichten, Lieder und Filme als Kind vor allem in der Muttersprache ihrer Eltern kennengelernt, dort waren ihre emotionalen Assoziationen wesentlich reicher. Wir haben zuerst mit sinnlichen inneren Bilder gearbeitet, um die Sprache zu unterfüttern. Sie hat für sich selbst entdeckt, dass ihr Zugriff auf die deutsche Sprache als Material für ihre Kunst stärker wurde, als sie bewusst sehr viel deutschsprachige Literatur, besonders auch Poesie, gelesen und viel Musik mit deutschen Texten gehört hat. Dadurch hat sie für sich die Aufspaltung der beiden Sprachen in eine emotionale und eine sachliche aufgehoben und konnte wesentlich leichter ihre wunderbare Kreativität und starke körperliche Gestaltungsfähigkeit mit den deutschen Worten verbinden.

Dasselbe können natürlich auch deutsche Muttersprachler:innen tun, die zusätzlich in anderen Sprachen spielen möchten. Was die Muttersprache von anderen Sprachen unterscheidet, ist vor allem die Menge an Assoziationen, die wir zu einzelnen Worten haben. Vermutlich können wir das nie komplett angleichen, aber wir können unseren Speicher an Assoziationen auffüllen.

Ein Wort zu übergriffigem Verhalten

Das Theater war lange und ist oft immer noch ein extrem patriarchalischer Ort, der sich nur langsam verändert. Wenn du in diesem System arbeitest, musst du dich manchmal schützen und kannst gleichzeitig Teil des Wandels sein. Es kann leider passieren, dass du in den Prüfungen oder bei Schauspiellehrer:innen auf unfaires oder sogar übergriffiges Verhalten stößt. Stell dich darauf ein, dass manchmal unangenehme Kommentare und Machtspiele stattfinden können. Wenn es von einem Coach kommt, den du für seine Arbeit bezahlst, sprich das an und beende die Arbeit, wenn dir gesagt wird, das sei im Theater normal und du dürftest nicht »so empfindlich« sein.

Wenn es von Prüfenden ausgeht, ist es schwieriger, darauf zu reagieren. Sei dir bewusst, dass *ein* unsympathischer Dozent oder eine unsympathische Dozentin nicht unbedingt das Verhalten des gesamten Kollegiums repräsentiert. Aber wenn du dich an einer Schule extrem unwohl fühlst, kannst du eine Prüfung auch abbrechen. Es ist vermutlich ohnehin nicht der richtige Ort für dich. In vielen Schauspielschulen finden gerade ein Umbruch und eine Auseinandersetzung mit Machtstrukturen statt, aber oft bleibt noch einiges zu tun. Wie überall.

Wenn jemand tatsächlich grenzüberschreitend wird – ob im Unterricht, in einer Prüfung oder im Studium –, dann sprich mit jemandem darüber. Egal ob es um rassistische oder sexistische Bemerkungen, aggressives Verhalten in den Proben, ungewollte Annäherungen, um Nackt- oder Sexszenen geht: Wo deine Grenzen liegen, entscheidest du selbst und niemand sonst. Ich bin der Meinung, immer da, wo in Arbeitsprozessen oder auch bei Vorsprechen bestimmte Grenzen überschritten werden – sei es Nacktheit, Intimität, Erniedrigung oder auch Gewalt –, muss ein offenes Gespräch darüber möglich sein, was für den einzelnen Schauspieler und die einzelne Schauspielerin in Ordnung ist und was nicht. Und es muss berücksichtigt werden, dass diese Grenzen bei jedem Menschen unterschiedlich aussehen.

Wenn jemand deine Grenzen überschreitet, behalte es nicht für dich. Seit einer Weile gibt es die Vertrauensstelle Themis, dort kannst du anonym Beratung bekommen oder auch darüber sprechen, wenn du dir unsicher bist, ob etwas übergriffig ist oder nicht.[11]

Es kann auch sinnvoll sein, direkt mit anderen, die im selben Umfeld arbeiten, über die Wahrnehmung der Situation zu sprechen. Wichtig ist, nicht zu glauben, wenn dir gesagt wird: »Es ist eben so.« oder »Das gehört zur Theaterarbeit dazu.« oder »Du empfindest es falsch, du bist zu prüde.«

Vertrau deinem Gefühl. Selbstverständlich ziehen Künstler:innen ihre Grenzen an sehr verschiedenen Punkten. Und das ist in Ordnung so. Schwierig wird es immer dann, wenn eine Seite Macht über die andere hat und dieses Ungleichgewicht ausnutzt – und sei es aus rein künstlerischen Gründen –, um jemanden dazu zu bringen, etwas zu tun, was er oder sie nicht will.

Welche Konsequenzen du ziehst, ist der nächste Schritt. Bei allzu weit auseinandergehenden Vorstellungen solltest du die Zusammenarbeit möglicherweise beenden. Wenn du schon beim Lesen eines Stücks oder Drehbuchs Bedenken hast, such das Gespräch und lass

11 Du findest die Internetadresse im Anhang.

dich nicht mit Floskeln abspeisen. Kläre vorher, was genau passieren soll und ob das für dich in Ordnung ist oder nicht. Falls es für dich nicht in Ordnung ist, solltest du besprechen, ob die Szene anders gelöst werden kann oder ihr entscheidet euch, nicht gemeinsam zu arbeiten. Wenn es um Regieanweisungen bei einem Vorsprechen geht, sag, wenn dir etwas zu weit geht. Lass dich nicht unter Druck setzen. Geh so weit, wie du willst, aber nicht weiter. Nimm dir Bedenkzeit, lass dich nicht zu schnellen Entscheidungen zwingen, wenn du unsicher bist. Deshalb ist es bei Filmszenen besonders wichtig, solche Dinge im Vorfeld zu klären, denn am Set herrscht immer Zeitdruck.

Wir Schauspieler:innen stellen uns der Kunst mit unserem Körper zur Verfügung. Dafür braucht es ein gewisses Maß an Sicherheit und Vertrauen, damit wir uns in der Arbeit fallen lassen und verletzbar sein können. Sonst leiden unsere Arbeit und unsere Seele.

Wenn du die Spielfreude verlierst

Wenn du ein Vorsprechen nach dem anderen machst, kann es passieren, dass dir mit der Zeit die Spielfreude abhandenkommt. Das ist verständlich, denn Vorsprechen sind nicht dasselbe wie Aufführungen. Man bekommt beim Spielen vor einem normalen Publikum wesentlich mehr Energie zurück als im Vorsprechen. Und wenn du außerdem ständig bewertet und kritisiert wirst oder Zurückweisung erfährst und nicht in die nächste Runde kommst, kann das die Spielfreude verkümmern lassen.

Wenn du das bei dir bemerkst, mach dir keine Vorwürfe! Das ist ganz normal. Such dir aber unbedingt Möglichkeiten, die Spielfreude wieder zu wecken. Denn beim Vorsprechen sind die Präsenz und die Spielfreude, die man den Prüflingen anmerkt, ein wesentlicher Faktor dafür, ob jemand Interesse weckt. Es macht definitiv mehr Freude, jemandem beim Spielen zuzuschauen, der Freude an der Arbeit hat. Das kannst du sogar beobachten, wenn du einer Pizzabäckerin oder einem Barkeeper zuschaust. Wenn sie Freude an ihrer Arbeit haben, kann es faszinierend sein, doch wenn sie selbst gelangweilt sind, schaut man nicht gern zu.

Die Vorsprechsituation ist leider oft nicht besonders geeignet, Spielfreude zu wecken. Also musst du dir selbst ein Gegenmittel überlegen. Eine gute Möglichkeit ist, sich nicht nur auf die Vorsprechen zu konzentrieren, sondern außerdem in verschiedenen Theater- oder Filmprojekten mitzuspielen, so dass du dort Spaß an der Arbeit haben und diese Energie in die Vorsprechen mitnehmen kannst. Entweder suchst du dir Kurse oder Projekte in deinem lokalen Theater, der nächsten Filmhochschule, im Jugendzentrum oder an der Volkshochschule oder du startest eigene Projekte mit Freund:innen und Bekannten. Gute Theaterkurse und Workshops können helfen, die Freude am Spielen zu behalten. Vor allem Improvisation ist ein gutes Gegengewicht zur Vorsprechszenen-Arbeit.[12] Aber auch andere Formen von Theater können eine Bereicherung sein, zum Beispiel Musiktheater oder Pantomime, Biomechanik oder Commedia dell'Arte. Verwandte Künste wie Tanz in allen Formen (besonders Contact Improvisation), Musik und Gesang, Zirkuskunst und Kampfsportarten können ebenfalls guttun.

Eine andere Möglichkeit, sich die Vorsprechen wieder spannender zu gestalten, ist, sie spielerischer anzugehen. Du kannst dir für eine Szene ein neues Kostüm überlegen oder ein neues Requisit ausprobieren. Manchmal reichen schon Kleinigkeiten, um die Inspiration wieder hervorzulocken. Vielleicht macht es dir Spaß, ab und zu eine neue Szene zu erarbeiten, auch wenn du eigentlich genügend Szenen hast? Oder du denkst dir eine geheime Neuinterpretation aus, um eine Szene neu zu entdecken. Was wäre, wenn Robespierre heimlich in Danton verliebt wäre? Was ist, wenn Kasimir seiner Karoline zwar sagt, dass sein Job abgebaut worden ist, er aber schon einen besseren in Aussicht hat? Was passiert, wenn Gretchen im Kerker nicht ängstlich, sondern extrem herrisch auftritt? Könnte deine Szene auch am Nordpol spielen? Oder in einer Kirche während eines Gottesdiensts, den man nicht stören will?

Es geht dabei nicht darum, eine bessere oder überhaupt sinnvolle Neuinterpretation zu finden, sondern einzig und allein darum, deine Inspiration und Spielfreude wiederzubeleben. Was auch immer deine Lust weckt, was dich dazu bringt, es sofort ausprobieren zu wollen, ist erlaubt.

Spielfreude ist im Vorsprechen wesentlich wichtiger als eine korrekte Auslegung der Szene. Denn es werden ja Schauspieler:innen gesucht, nicht Dramaturgen oder Regisseurinnen.

12 Du findest im Anhang eine Improvisationsübung, die ich gern mit meinen Schüler:innen mache.

8. Der Weg vor die Kamera

Wenn du als Schauspieler:in später auch vor der Kamera arbeiten willst, solltest du jetzt schon beginnen, diesen Bereich anzugehen. Ich erlebe es oft, dass Schüler:innen denken, sie müssten erst fertig ausgebildete Schauspieler:innen sein, bevor sie diesen Bereich »betreten dürfen«. Doch das ist nicht der Fall.

Ausbildung für Film und Fernsehen

Wenn du ausschließlich in Film und Fernsehen arbeiten möchtest, ist die Situation eine andere als wenn du auch an Stadt- und Staatstheatern spielen willst. Die Ausbildung spielt eine geringere Rolle – unter anderem weil in Deutschland im Grunde nicht wirklich für die Kamera ausgebildet wird. Selbst an den staatlichen Hochschulen, die einen Schwerpunkt für Film haben, wie etwa in Potsdam-Babelsberg, ist ein großer Teil der Ausbildung auf Theaterarbeit ausgerichtet, so dass Absolvent:innen vor der Kamera und auf der Bühne zurechtkommen. Wenn es dein Ziel ist, ausschließlich vor der Kamera zu arbeiten, kannst du sowohl über eine staatliche, eine private oder auch ganz ohne formale Ausbildung deinen Weg finden. Vielleicht ist der wesentlichere Faktor bei der Planung deiner Ausbildung in diesem Fall eher, in welcher Stadt du bist, als an welcher Schule. Es ist sinnvoll, in einer der Filmstädte für Castings und Drehtage zur Verfügung zu stehen. Wenn du vier Jahre lang eine Ausbildung machst und nicht drehen kannst, weil in der Stadt, in der du studierst, keine Dreharbeiten stattfinden, wirst du in dieser Zeit kaum weiterkommen. Es gibt Privatschulen, die sich auf Filmschauspiel spezialisiert haben. Ich weiß nicht, wie gut die einzelnen Schulen sind. Wenn du dort lernen kannst, was du möchtest, kannst du das tun. Aber erwarte nicht, dass du von Leuten in der Branche anders wahrgenommen wirst als jemand »ohne Ausbildung«. Eine Privatschulausbildung garantiert dir keinen leichteren Einstieg in den Beruf.

Es gibt eine Menge Workshops, Seminare, Kurse, Fortbildungen – auch für bereits ausgebildete Theaterschauspieler:innen –, in denen man Kamera-Arbeit, Castings und ähnliches üben kann. Auch dort sind die Qualität und das Preis-Leistungs-Verhältnis extrem unterschiedlich. Schau dir die Kursinhalte und Dozent:innen genau an, bevor du dich für einen Kurs entscheidest.

Die Ausbildungssituation für Filmschauspieler:innen ist also sehr unübersichtlich und die Absolvent:innen der staatlichen Schulen sind in erster Linie fürs Theater ausgebildet. Eine Casterin sagte mir, sie wartet bei den Absolvent:innen der staatlichen Schulen oft ein bis zwei Jahre, bis sich ihre sprachliche Genauigkeit ein bisschen ausgeschliffen hat, bevor sie sie für Filmrollen vorschlägt. Sonst klingen sie möglicherweise unnatürlich vor der Kamera. Ähnlich wie Opernsänger:innen oft seltsam klingen, wenn sie mit Mikrofon singen.

Theaterschauspieler:innen können für die Kamera manchmal auch körperlich zu präsent sein. Den Unterschied in der Spielweise muss man lernen. Die Kamera lenkt den Blick der Zuschauenden, während man auf der Bühne deren Konzentration selbst lenken muss. Das Spiel vor der Kamera ist wie unter dem Mikroskop.

Gleichzeitig kommen viele junge Schauspieler:innen ohne Ausbildung in den Film- und Fernsehbereich. Es gibt ja keine 13-jährigen ausgebildeten Schauspieler:innen, aber Kinderrollen und Jugendliche müssen besetzt werden. Diese jungen Kolleg:innen lernen den Beruf am Set. Filmleute sind es deshalb gewöhnt, mit Schauspieler:innen zu arbeiten, die sehr unterschiedliche Erfahrungen und Ausbildungen haben. Besonders, wenn du erst Anfang 20 bist, konkurrierst du nicht mit massenhaft gut ausgebildeten Schauspieler:innen in deinem Alter. Die wenigsten Kolleg:innen haben mit Anfang 20 ein Schauspielstudium hinter sich. Es gibt natürlich diejenigen, die schon Dreherfahrung haben, aber es sind nicht besonders viele. Es kann also sehr sinnvoll sein, sich jetzt schon in den Markt zu begeben und damit nicht bis nach dem Abschluss des Studiums zu warten.

Was du schon in der Prüfungszeit tun kannst

Der Aufbau von Kontakten in der Branche braucht Zeit. Wenn du in der Prüfungszeit damit beginnst, kannst du später auf ein paar Jahre Kontaktpflege aufbauen, anstatt erst damit zu beginnen.

Was heißt Kontaktpflege? Es geht in allererster Linie um die Caster:innen. Sie sind es, die von den Produktionsfirmen beauftragt werden, Schauspieler:innen für die Rollen im Drehbuch vorzuschlagen. Sie sind also diejenigen, die dich kennen sollten. Was solltest du tun, damit die Caster:innen bei einer Besetzung an dich denken? Auf jeden Fall solltest du ein bisschen Kamera-Erfahrung sammeln. Du kannst dich für Kurz- oder Studentenfilme und ähnliches bewerben. Manche Filmhochschulen haben eigene Casting-Abteilungen oder ein Schwarzes Brett im Eingangsbereich. Oder sie nutzen die gleichen Datenbanken wie die Caster:innen. Du kannst auch Filmschulen in deiner Umgebung anrufen und nachfragen, wie du dich für Studentenfilme bewerben kannst. Es ist zudem keine schlechte Idee, direkt zu den zukünftigen Filmemacher:innen Kontakte aufzubauen. Gibt es ein Studenten- oder Kurzfilmfestival, das du besuchen kannst oder öffentliche Vorführungen der Filmschulen?

Gleichzeitig kannst du versuchen, eigene Filme und Videos zu produzieren. Es ist dabei egal, wie professionell diese Filme werden, du wirst dabei in jedem Fall eine Menge lernen können. Wenn du mit der Zeit immer bessere Filme machst, kannst du auch professionelle Schauspieler:innen anfragen, ob sie mitspielen möchten. Das ist eine Möglichkeit, Kontakte zu Kolleg:innen und ihren Agenturen aufzubauen.

Es gibt außerdem Schüler- und Laien-Filmwettbewerbe und -Festivals. Vielleicht kannst du dort einen Film einreichen? Auch der Besuch von Festivals kann eine interessante Gelegenheit sein, um etwas über Film zu lernen und Menschen aus der Branche zu treffen. Besonders offen sind die Leute auf den Festivals, die sich speziell an Filmstudent:innen richten oder Kurzfilme zeigen, wie das Festival *Sehsüchte* in Potsdam-Babelsberg, das Filmfestival *Max Ophüls* in Saarbrücken oder *interfilm* in Berlin.

Eine weitere gute Möglichkeit ist es, als Praktikant:in bei einem Filmdreh auszuhelfen und dort Erfahrung an einem professionellen Filmset zu sammeln oder ein Praktikum bei einem Casting-Direktor oder einer Produktionsfirma zu machen. Das gibt dir die Gelegenheit, die Branche und die Arbeit besser kennenzulernen und ein realistischeres Bild zu bekommen. Wenn du in dieser Zeit Filmleute triffst, erzähle ihnen ruhig, dass du Schauspieler:in werden willst. Wenn du in einem Film mitspielst, der irgendwo gezeigt wird oder wenn du ein Schauspielstudium beginnst, sag ihnen Bescheid.

Es geht bei der Kontaktpflege nicht nur darum, sich einmal getroffen und ein paar Worte gewechselt zu haben. Du möchtest, dass du den Menschen, die Entscheidungen über die Besetzung eines Films treffen, einfällst, wenn sie über ihr nächstes Projekt nachdenken. Es braucht oft einige Jahre, bis das erreicht ist. Halte vor allem die Caster:innen auf dem Laufenden, was du tust, wie deine Arbeit weitergeht und wie du dich weiterentwickelst. Das heißt natürlich nicht, wöchentlich anzurufen! Mit zu vielen E-Mails und Anrufen kannst du den Caster:innen leicht auf die Nerven gehen, denn die meisten haben viel zu tun und arbeiten oft allein. Aber wenn es etwas Neues gibt, wenn du eine Aufführung hast, neue Fotos, eine neue Szene oder einen Sendetermin, dann schreib eine kurze E-Mail.

Erwarte dabei nicht unbedingt eine Antwort. Je nachdem, wie viel Arbeit die Caster:innen gerade haben, bekommst du manchmal eine nette E-Mail zurück und ein anderes Mal hörst du gar nichts. Das heißt nicht, dass deine Nachricht nicht gelesen wurde. Worauf es ankommt, ist, im Gedächtnis zu bleiben, damit die Caster:innen auf dich kommen, wenn sie eine Rolle zu besetzen haben, auf die du passen würdest.

Natürlich können auch andere Kontakte für dich hilfreich sein, ob es sich nun um einen Filmregiestudenten handelt oder eine Praktikantin in einer Produktionsfirma, die vielleicht später selbst Produzentin wird, oder um einen Fahrer bei einem Filmdreh, der nebenbei an einem eigenen Filmprojekt arbeitet. Die Branche ist nicht so groß wie man denkt. Wenn du jemanden kennenlernst, der oder die dir sympathisch ist, macht es in jedem Fall Sinn, Kontakt zu halten. Die wichtigsten Kontakte für Schauspieler:innen, die man in jedem Fall planvoll angehen sollte, sind aber die Caster:innen.

Warum es sinnvoll ist, frühzeitig anzufangen

Vielleicht bist du unsicher, ob es Sinn hat, diese Dinge schon zu tun, bevor du wirklich weißt, ob du in diesem Beruf arbeiten wirst, bevor du einen Studienplatz bekommen hast oder wenn du gerade erst mit dem Studium beginnst.

Ich verstehe diese Unsicherheit. Du weißt nicht, ob es sich lohnen wird, wenn du beruflich doch in eine andere Richtung gehst. Und es gibt in unserer Gesellschaft einen starken Druck, etwas erst einmal »ordentlich« gelernt zu haben, bevor man damit an die Öffentlichkeit geht. Wir machen einen scharfen Unterschied zwischen Menschen, auch Künstler:innen, die ihren Beruf studiert haben oder nicht. In der Kunst ist das eigentlich Quatsch. Ein Maler, eine Autorin, ein Sänger und auch Schauspieler:innen können hervorragende Kunst erschaffen, unabhängig davon, ob sie eine offizielle Ausbildung gemacht haben oder nicht.

Ich erinnere mich daran, als ich direkt nach der Schauspielschule in einem Projekt mit einem älteren Kollegen zusammenarbeiten durfte, dessen Arbeit ich sehr bewundere. Bei einer Probe sagte er zum Regisseur: »Soll nicht lieber Mieke diesen Text sprechen? Das kann sie doch viel besser als ich!« Ich war perplex, denn für mich war klar, dass er mit seinen Jahrzehnten an Erfahrung der bessere Schauspieler ist! Aber dann habe ich verstanden, was er meinte. Es war ein Text, der eine jugendliche Begeisterung brauchte, eine Naivität, die mir tatsächlich leichter zu Verfügung stand als ihm. Dadurch wurde mir klar, dass wir mit mehr Ausbildung und Erfahrung zwar auf der einen Seite in unserer Kunst besser werden, auf der anderen Seite aber Qualitäten verlieren, die wir hatten, ohne uns dessen bewusst zu sein. Vor der Kamera sind unsere körperliche Wirkung und das Alter, das man unserem Gesicht ansieht, wesentlich wichtiger als auf der Bühne, denn die Zuschauenden sind näher dran und einen größeren Realismus gewöhnt. Wenn wir auf dem Bildschirm eine Mutter sehen, die zu jung wirkt, wundern wir uns. Theater als Kunstform wirkt weniger real und die Zuschauenden sind bereit, wesentlich mehr »Unrealistisches« hinzunehmen.

Warum ist es dann aber für die Arbeit am Theater notwendig, wenn irgend möglich eine Ausbildung an einer staatlichen Schauspielschule zu machen? Weil Theater Hochleistungssport ist. Die Berufsrealität an den Theatern im deutschsprachigen Raum braucht Schauspieler:innen, die täglich funktionieren, die es durchhalten, täglich acht Stunden zu proben, jeden Abend zu spielen und einen großen Theaterraum stimmlich zu füllen, ohne dabei heiser zu werden. Das ist ohne professionelle Ausbildung kaum zu bewältigen. Das heißt nicht, dass man ohne Ausbildung in einer gut gemachten Inszenierung auf einer kleineren Bühne nicht auch wundervolle Theatermomente herstellen kann. Ein hervorragendes Beispiel dafür sind die Jugendclubs der Theater, die oft einen großartigen Rahmen für junge Talente bieten und tolle Inszenierungen ermöglichen. Aber die tägliche Theaterarbeit verlangt Schauspieler:innen mehr ab.

Filmleute sind es hingegen gewöhnt, mit Schauspieler:innen, die wenig Erfahrung haben, zu arbeiten. Das Medium Film macht es leichter, Unsicherheiten und Fehler aufzufangen. Erstens weil die Kamera und das Mikrofon den körperlichen Anspruch verändern. Du musst nicht in der Lage sein, jeden Abend ein Haus mit 800 Plätzen stimmlich zu füllen. Das Mikrofon und die Tonabteilung nehmen dir einen Teil der körperlichen Arbeit ab. Und zweitens sind beim Film nicht die Schauspieler:innen für das Endprodukt verantwortlich, sondern die Cutter:innen. Der Film entsteht im Schnitt. Wir Schauspieler:innen liefern nur das Rohmaterial. Die Cutter:innen haben die Möglichkeit, auf eine:n andere:n Kolleg:in zu schneiden oder in die Großaufnahme zu wechseln oder den Blick aus dem Fenster in den Abendhimmel zu zeigen. Es ist sogar möglich, nachträglich in der Nachsynchronisation die Texte zu ändern. Natürlich ist es besser für alle, wenn du deine Arbeit gut und zuverlässig ablieferst, aber der Film scheitert nicht daran, dass du in einem Take deinen Text vergisst oder die Markierung auf dem Boden nicht triffst. Wenn das sehr oft passiert, bekommt das Team ein Problem mit der Zeit, die zum Drehen der Szene gebraucht wird. Aber wenn es ab und zu passiert, ist das kein Beinbruch.

Im Theater ist das anders. Ab dem Moment der Premiere gehört das Stück den Schauspieler:innen und die Regie kann nichts mehr tun. Das ist für manche Regisseur:innen schwer zu ertragen. Die Schauspieler:innen tragen die Verantwortung für das Gelingen des Abends. Die Techniker:innen natürlich auch, aber die Schauspieler:innen können eine Panne der Technik vielleicht noch überspielen, umgekehrt ist das schwer möglich.

Fotos – warum sie so wichtig sind

Um Kontakte zu knüpfen und dich in der Branche vorzustellen, brauchst du »Material«, mit dem du dich präsentieren kannst. Als erstes benötigst du Fotos, die möglichst professionell und nicht privat wirken sollten. Damit kannst du dich in den Schauspielerdatenbanken eintragen. Für einige musst du nachweisen, dass du schon in einem Film mitgespielt hast, es kann auch eine Studentenproduktion oder ähnliches sein. Die wichtigsten Datenbanken im deutschsprachigen Raum sind derzeit *Schauspielervideos, Filmmakers, Castforward* und *Castupload*. Für internationale Produktionen ist *Spotlight* interessant.[13]

Füll die Datenbanken so komplett wie möglich aus, denn nur so kannst du dort gefunden werden. Wenn du Spanisch sprichst und Kickboxen kannst, solltest du in der Suche auftauchen, wenn für eine

13 Eine genaue Auflistung der Internetseiten findest du im Anhang.

Rolle diese Fähigkeiten gebraucht werden. Wenn du noch ganz am Anfang stehst, reicht zuerst ein kostenloser Eintrag. Schau dich auf den Datenbanken um und achte darauf, welche Art Bilder dir dort gefallen. An welchen Fotos bleibt dein Blick hängen? Es gibt eine ganze Reihe Fotograf:innen, die Schauspielerportraits machen. Es ist sinnvoll, sich deren Arbeit genau anzusehen und jemanden auszusuchen, der wirklich gut zu dir passt. Achte auch darauf, ob dir die Bilder gefallen, die ein Fotograf oder eine Fotografin jeweils von Männern oder Frauen macht. Manche Fotograf:innen machen starke Bilder von Männern, inszenieren Frauen aber stets in bestimmten klischeehaften Rollen – oder umgekehrt.

Die Preise können sehr unterschiedlich sein. Ebenso der Zeitaufwand, den die Fotograf:innen in einen Termin stecken. Wenn du wenig Geld zur Verfügung hast, kann es sich lohnen, jemanden zu suchen, der noch am Anfang steht und weniger Geld für die Fotos nimmt, weil er oder sie Erfahrungen sammelt und das eigene Portfolio aufbaut. Dabei entstehen möglicherweise nicht so viele gute Bilder, aber wenn drei Fotos richtig gut sind, reicht das für den Anfang. Vielleicht findest du jemanden, der schon Erfahrung hat als Schauspieler, Regisseurin, Kameramann oder Setfotografin?

Warum sind gute Fotos so wichtig? Sie sind wie eine Eintrittskarte ins Vorgeschlagenwerden, denn sie sind das Erste, das man von dir sieht. Meine persönliche Erfahrung ist, dass sich gute Bilder wirklich lohnen und sich auch finanziell rechnen. Wichtig ist, dass die Fotos mindestens so professionell aussehen wie du im Augenblick als Schauspieler:in bist, vielleicht sogar etwas professioneller.

Sie sollten dich auf eine Art zeigen, die du am Set oder beim Casting bedienen kannst. Es macht keinen Sinn, dich als einen Typ zu inszenieren, den du nicht locker spielen kannst. Zeig verschiedene Seiten von dir, aber geh mit den Bildern nicht in eine Richtung, die dir eigentlich nicht liegt. Das kannst du später immer noch machen, wenn du mehr Erfahrung hast und dein Repertoire erweitern willst. Wenn Caster:innen dich vorschlagen, möchten sie dich wiedererkennen, äußerlich und in deiner Ausstrahlung, wenn du zum Casting erscheinst.

Wie du ein Showreel aufbaust

Um von einem Casting-Direktor für eine Rolle vorgeschlagen zu werden, brauchst du fast immer ein Video, das zeigt, was du kannst und wie du wirkst. Aber wie bekommt man ein solches »Showreel«, wenn man noch ganz am Anfang steht? Schau dir als Erstes einige Videos auf den Datenbanken an, um dir einen Eindruck zu verschaffen. Auf der Internetseite *Schauspielervideos* kannst du die Videos ansehen, selbst wenn du keinen eigenen Account hast. Wenn du schon Material aus Kurzfilmen hast, kannst du dir entweder von einem Cutter oder einer Regisseurin beim Schneiden helfen lassen oder die Szenen selbst mit den Programmen der Datenbanken hochladen. Du kannst die Sequenzen dort direkt kürzen und die Reihenfolge festlegen. Oder du schneidest sie vorher am Computer mit einem Schnittprogramm zurecht. Achte dabei besonders auf die Anfänge der Szenen. Wenn möglich sollte das erste Bild dich zeigen.

Bedenke bei der Auswahl und dem Schneiden der Szenen, dass die Beteiligten im Besetzungsprozess es oft eilig haben. Verzichte auf langsame Anfänge und lange Einleitungen. Es ist heute nicht mehr notwendig, die Szenen so kurz wie möglich zu halten, denn in allen Datenbanken kann man zur nächsten Sequenz weiterspringen. Trotzdem ist es gut, wenn die Szenen nicht zu langatmig werden. Werden die Zusehenden ungeduldig, hinterlässt das kein gutes Gefühl. Schneide deine Szenen so, dass man dich gut sieht und möglichst viel über dich erfährt. Es geht dabei nicht um die Story des Films, es geht ausschließlich um dich als Schauspieler:in.

Wenn du noch kein Material hast, lohnt es sich, ein kleines »Interview« mit dir selbst aufzunehmen. Diese ziemlich freie Form, die in der Branche immer häufiger verwendet wird und bei vielen Caster:innen beliebt ist, nennt man auch »About Me«. Wenn du Ausschnitte aus Filmen verwendest, befindest du dich immer in Rollen, für die andere dich besetzt haben und bist dadurch weniger frei in dem, was du von dir zeigst. Oder du denkst dir eine eigene Szene aus und inszenierst dich selbst.

Du kannst Anregungen dafür bei den Videos finden, die in den letzten Jahren für das Self-Made-Shorties-Festival entstanden sind. Diesen Wettbewerb haben *Schauspielervideos* und die Zentrale Arbeitsagentur für Schauspieler (ZAV) ins Leben gerufen. Dort findest du sehr unterschiedliche Videos, von komplex produzierten Kurzfilmen bis zu ungeschnittenen Aufnahmen mit einer Handykamera. Man möchte dich kennenlernen, deine Ausstrahlung sehen – es geht nicht darum, die Dinge, die in deiner Vita stehen, noch einmal zu hören. Erzähle lieber eine kurze Geschichte, die du erlebt hast oder beschreibe etwas, das dir wichtig ist. Entscheide dich für etwas, das eine sinnliche Erzählung ermöglicht, bei der im Kopf der Zuhörenden Bilder entstehen. Du kannst dich beim Kochen filmen und erzählen, warum dieses Gericht dich an eine bestimmte Situation aus deiner Kindheit erinnert. Du kannst eine Bergwanderung beschreiben oder den Moment, als du zum ersten Mal vom Zehnmeterbrett gesprungen bist.

Bei einem *About me*-Video geht es nicht um Rollen, die du spielst, sondern um deine Ausstrahlung vor der Kamera, das, was du von allein mitbringst. Die ersten Rollen, für die man dich vorschlägt, werden vermutlich nah an deiner privaten Ausstrahlung liegen. Denn so kann man sich darauf verlassen, dass du das auch ohne viel Erfahrung am Drehtag hinkriegst. Man will deine Stimme hören, deine Körperlichkeit sehen, dein Tempo, ob du eher nachdenklich, temperamentvoll, kühl oder witzig wirkst.

Natürlich ist es gut, wenn du mit der Zeit Material sammelst und ein richtiges Showreel mit verschiedenen Facetten entsteht. Das brauchst du aber nicht von Beginn an. Ein selbstgemachtes Showreel ist besser als keines.

Wie du dich bei den Caster:innen vorstellst

Wenn du diese Materialien zusammengetragen hast: Fotos, Einträge in Datenbanken und vielleicht ein erstes Video, kannst du beginnen, dich bei den Caster:innen vorzustellen.

Beim Bundesverband Casting e. V. findest du eine Mitgliederliste, dort sind allerdings nicht alle Caster:innen vertreten. Und unter Service gibt es eine ganze Reihe gute Tipps. Bei *Casting-Network* findest du eine gute und aktuelle Übersicht der Casting-Agenturen. Um an die Kontakte der Caster:innen zu kommen, brauchst du einen Premiumzugang, der zurzeit 40 € im Jahr kostet. Auch der Bundesverband Schauspiel e. V. bietet auf seiner Internetseite unter »Service für Mitglieder« eine Liste zum Download an.[14]

---

14 Du findest die Internetadressen im Anhang.

Wenn du anderswo suchst, achte darauf, Casting-Agenturen zu finden, die Schauspieler:innen vermitteln, nicht Models und Werbedarsteller:innen. Manchmal überschneidet sich das, oft aber nicht.

Überleg dir, welche Caster:innen du anschreiben willst. Beginne mit denen, die in deiner Nähe sind. Denn mal eben morgen zum Casting zu kommen, kann sonst zum Problem werden. Aber auch die anderen Caster:innen im deutschsprachigen Gebiet kannst du zumindest auf deine Existenz hinweisen. Schreib eine E-Mail, in der du dich vorstellst, auf dein Material hinweist und die direkten Links zu deinen Profilen in den Datenbanken mitschickst. Am besten schreibst du direkt an die einzelnen Caster:innen. Für deine erste Vorstellung solltest du eine allgemeine Rundmail vermeiden. Halte deine E-Mail kurz. Sei ehrlich. Erfinde keine Erfahrung, die du nicht hast. Aber mach auch klar, dass du diesen Berufswunsch ernst meinst. Wenn du schon Erfahrung hast, sei es im Theater oder bei Kurzfilmen, schreib darüber. Wenn du besondere Dinge kannst, Sprachen, Sportarten oder andere Fähigkeiten, erwähne es. Wenn du in bestimmten Berufsfeldern gearbeitet hast, die für eine Rolle interessant sein könnten, als Köchin oder Fahrradkurier, Sanitäterin oder bei der freiwilligen Feuerwehr, erzähle davon.

Du kannst die Caster:innen auch fragen, ob sie Zeit und Lust haben, dich persönlich kennenzulernen. Meist haben sie nur wenig Zeit dafür, aber unmöglich ist es nicht. Wenn jemand keine Zeit hat, kannst du nachfragen, ob er absehen kann, wann wieder Zeit sein wird und später nachfragen. Vielleicht bittest du um ein Feedback zu deinen Bildern oder deinem Video. Caster:innen sind oft – wenn sie nicht gerade völlig überarbeitet sind, was vorkommt – sehr freundliche und hilfsbereite Menschen. Sie haben ein echtes Interesse daran, Schauspieler:innen kennenzulernen und neue Talente zu entdecken. Denn das ist ihr Reichtum, ihr Fachwissen, ihre Expertise! Ich bin immer wieder beeindruckt, wie viele Schauspieler:innen die Caster:innen kennen und wie viel sie von ihnen wissen!

Nach deiner ersten E-Mail schreib immer dann eine Nachricht, wenn du neue Fotos hast, eine Theatervorstellung spielst, ein neues Video hochlädst oder wenn es mit dem Studium geklappt hat. Du kannst dich auch melden, wenn du für eine Prüfung in die Stadt reist, in der eine Casting-Agentur ist, und anbieten, zum Kennenlernen vorbeizukommen.

Was ist der Unterschied zwischen Caster:innen und Agenturen?

Caster:innen werden von der Produktionsfirma bezahlt und beauftragt, Schauspieler:innen für die Rollen im Drehbuch vorzuschlagen, Castings durchzuführen und das so entstandene Material den Entscheider:innen vorzulegen. Sie beraten die Produktionsfirma bei der Besetzung.

Agenturen hingegen arbeiten für Schauspieler:innen. Sie vertreten uns in Vertragsverhandlungen, besprechen Gagen und Termine und koordinieren sie, wenn mehrere Produktionen anstehen. Außerdem repräsentieren sie uns auf der Agenturseite und versuchen, uns bei Caster:innen, Regisseur:innen und Produktionen ins Gespräch zu bringen. Agenturen werden von den Schauspieler:innen bezahlt, sie bekommen einen Prozentsatz der Gage für die Drehtage. Üblicherweise sind das etwa 10 Prozent. Du brauchst keine Agentur, um für Film und Fernsehen besetzt zu werden. Agenturen sind meist nicht direkt an Besetzungen beteiligt. Wenn Agent:innen gute Kontakte haben, können sie dich bei Menschen in der Branche vorstellen. Eine Agentur kann sehr hilfreich sein, ist aber nicht zwingend notwendig. Der wesentliche Kontakt für Schauspieler:innen sind die Caster:innen. Und mit den Online-Datenbanken stehen ihnen Informationen zu allen Schauspieler:innen zur Verfügung, ob diese nun von einer Agentur vertreten werden oder nicht.

Du kannst probieren, ob du eine Agentur findest. Es ist aber nicht der erste Schritt. Häufig haben Agenturen mehr Interesse an Schauspieler:innen, die schon gedreht haben. Einige vertreten auch junge Talente, die noch wenig Film-Erfahrung haben. Schau dabei nach Schauspiel-Agenturen, nicht Agenturen für Models, Werbe- und Kleindarsteller:innen oder Kompars:innen. Das sind andere Bereiche. Achte darauf, dass die Agenturen professionell sind. Leider gibt es ab und zu unseriöse Firmen. Es sollte keine Bedingung sein, dass du bei einem bestimmten (unbekannten) Fotografen teure (und vielleicht schlechte) Fotos machst. Die Fotos zahlen zwar immer die Schauspieler:innen und man kann sich mit der Agentur beraten, aber es sollte kein Zwang sein. Eine professionelle Agentur nimmt auch keine Aufnahme- oder monatliche Gebühr. Wer das macht, lebt nicht vom Vermitteln von Schauspieler:innen, sondern von diesen sinnlosen Gebühren.

Adressen und Informationen zu vielen professionellen Agenturen kannst du beim Verband der Agenturen für Film, Fernsehen und Theater finden. Auch auf der Internetseite von *Casting-Network* gibt es eine Sammlung, in der du zudem die Agenturen findest, die noch nicht Mitglied im Verband sind.

Die Welt der Kurz- und Studentenfilme

Eine hervorragende Möglichkeit, Erfahrung vor der Kamera und Material für ein Showreel zu sammeln, ist die Mitarbeit bei Kurzfilmen. Teilweise sind das Produktionen der Filmhochschulen, aber es gibt auch eine Menge selbstorganisierter Kurzfilmdrehs mit sehr unterschiedlichem Anspruch und sehr unterschiedlicher Professionalität.

Du kannst auch anfangen, einen eigenen Kurzfilm zu drehen, für den du dein Smartphone benutzt. Die meisten Handykameras sind vollkommen ausreichend, um einen Film zu drehen, der auf dem Bildschirm vernünftig aussieht. Wenn du ganz am Anfang stehst, kann es aber sein, dass du dich lieber einem Kurzfilmprojekt anschließt, das jemand anderer organisiert, denn Filmdrehs sind aufwändige Vorhaben. Zu Beginn kann es durchaus interessant für dich sein, dort einfach nur das Catering zu machen und Brote zu schmieren oder beispielsweise beim Kostüm mitzuhelfen.

Auf der Internetseite www.crewunited.com/jobs findest du Gesuche für Kurzfilmproduktionen, sowohl für Schauspieler:innen als auch für alle möglichen anderen Tätigkeiten. Es gibt Gruppen in den sozialen Medien, auf denen junge Filmemacher:innen posten. Oder du folgst einzelnen Regisseur:innen, die dich interessieren, vielleicht posten sie ab und zu Gesuche für Mitarbeiter:innen. Wenn du als Darsteller:in gefunden werden willst, trage dich auf den Datenbanken ein, sie werden auch für Kurzfilmproduktionen genutzt.

Wenn du in einem Kurzfilm eine Rolle übernimmst, solltest du in einem Vertrag festhalten, dass du als Gegenleistung (zusätzlich zu eventuellen Gagenrückstellungen, die selten realisiert werden) deine Szenen als Material für dein Showreel bekommst. Am besten sprecht ihr auch darüber, wann das sein wird und haltet es im Vertrag fest. Denn für dich ist das, neben der Dreherfahrung, der wichtigste Punkt. Für die Regie ist es hingegen komplett nebensächlich, wann die Schauspieler:innen ihre Szenen zur Verfügung haben. Oft dauert die Postproduktion wesentlich länger als geplant – da kann eine Nachfrage von dir, ob du die Szenen denn nun, wie im Vertrag besprochen, bald bekommst, Wunder wirken.

Nicht jeder Kurzfilmdreh wird dir am Ende Szenen liefern, die du für dein Showreel gebrauchen kannst. Aber wenn du häufiger in Kurzfilmen mitspielst, kannst du einiges an Material zusammenbekommen. Falls deine Szenen so geschnitten sind, dass sie für dich unbrauchbar sind, kannst du nachfragen, ob du etwas aus dem Rohmaterial bekommst. Manche Regisseur:innen machen das nicht, andere haben damit kein Problem.

Für Kurzfilme werden die Schauspieler:innen in den meisten Fällen nicht bezahlt. Das ist eine fragwürdige Praxis, vor allem, wenn der Film für andere Dinge wie Drehorte, Equipment oder Gagen für Techniker:innen ein Budget hat. Wenn es allerdings ein selbstorganisiertes Projekt von ein paar Leuten ist, die selbst ein kleines Einkommen haben und keine Förderung, dann ist die Ansage »leider no budget, aber leckeres Catering« in Ordnung. Du solltest dir immer überlegen, wie viel du für wen umsonst arbeiten möchtest, je nachdem, wo du in deiner Karriere stehst. Es kann nicht selbstverständlich sein, dass Schauspieler:innen ihre Arbeit umsonst zur Verfügung stellen. Ist das Projekt für dich selbst interessant? Kannst du etwas lernen? Denkst du, dass sich das Material für dein Showreel eignen wird? Gefällt dir das Projekt so gut, dass es eine Freude ist, daran mitzuarbeiten? Dann kann die Arbeit für dich selbst Sinn machen, selbst wenn sie unbezahlt ist.

Epilog – und was, wenn es doch nicht klappt?

Wenn du die Lust am Vorsprechen verlierst

Dieses Buch wäre unrealistisch, wenn wir so tun, als ob alle Bewerber:innen am Ende auch einen Studienplatz bekommen werden. Das ist rein rechnerisch nicht möglich. Bei meinen Schauspielschüler:innen gibt es eine ganze Reihe, die andere Wege einschlagen. Die meisten, die viel Arbeit investieren und teilweise über Jahre dranbleiben, finden irgendwann ihre Schule, aber nicht alle. Andere merken auf ihrer »Vorsprechreise«, dass ihr Wunsch nach diesem Beruf nachlässt. Auch das ist meiner Meinung nach ein Erfolg. Denn wenn man diesen Weg einmal mit Entschiedenheit ausprobiert hat und dann spürt: »Das ist es doch nicht!«, kann man diesen Traum leichter hinter sich lassen und eine andere Richtung einschlagen.

Wenn du schon seit einer Weile vorsprechen gehst und an einen Punkt kommst, wo du darüber nachdenkst, ob du noch weitermachen willst oder nicht, möchte ich dir ein paar Fragen stellen:

Lässt deine Lust nach, weil es doch nicht so ist, wie du es dir vorgestellt hast? Gibt dir das Schauspielen weniger als du erwartet hattest? War das Spielen schöner und befriedigender, als du es nicht mit dem Anspruch an Professionalität verbunden, sondern ganz allein für deine eigene Freude und Entwicklung gemacht hast? Oder kostet es dich emotional so viel, dass du das Gefühl hast, diese Arbeit nicht täglich aushalten zu können?

In diesem Fall handelt es sich um ernsthafte Zweifel an der Berufswahl und du solltest dir erlauben, deinen Blick auch für andere Wege zu öffnen. Nicht jeder Mensch, der Theater liebt und gern spielt, ist in diesem Beruf wirklich gut aufgehoben. Nicht jeder Mensch, der Talent hat, wird als Schauspieler:in glücklich. Manchmal ist dieser Berufswunsch auch nur die offensichtlichste Möglichkeit, um im Theaterbereich zu arbeiten. Vielleicht ist aber eine andere Position für dich angenehmer und passender?

Wenn du andererseits merkst, dass dein Spieldrang und dein Wunsch nach dem Beruf immer noch gleich groß sind und die Zweifel daher kommen, dass es beim Vorsprechen nicht klappt, empfehle ich dir, es vielleicht mit einem anderen Coach zu versuchen oder im nächsten Vorsprechen alles auf eine Karte zu setzen und all das zu wagen, was du dich sonst nicht traust. Wenn die Art, wie du bisher vorsprichst, nicht funktioniert, versuch es einmal ganz entgegengesetzt.

Aber auch, wenn du alles versuchst und dein Traum nicht verblasst, kann es sein, dass du nach ein paar Jahren nicht mehr weitermachen willst. Denn die Vorsprechzeit ist anstrengend. Manchmal hören Schüler:innen auf und tun etwas anderes, merken aber nach einer Weile, dass es sie nicht loslässt und probieren es dann noch einmal neu. Auch das ist völlig in Ordnung und kann funktionieren, denn in der Zwischenzeit haben sie sich weiterentwickelt.

Alternative Film- und Theaterberufe

Vielleicht kommt ja für dich ein anderer Beruf im Film- oder Theaterbereich in Frage?

Relativ nah am Schauspiel sind zum Beispiel die Studiengänge in Angewandter Theaterwissenschaft. Meist verbindet sich das mit freieren Formen wie Performance oder mit Stückentwicklungen und eigenen Projekten.

Oder kannst du dir vorstellen, Regie zu führen anstatt selbst zu spielen? Es gibt Studiengänge für Film- und Theaterregie, nicht besonders viele, aber es gibt auch nicht so viele Bewerber:innen. An einigen Schulen haben die Regiestudierenden im ersten Jahr viele Unterrichtseinheiten gemeinsam mit den Schauspieler:innen. Du kannst ebenso über Regie-Hospitanzen und -assistenzen am Theater in den Beruf hineinwachsen und aus der Praxis lernen. Du kannst außerdem versuchen, über die freie Szene mit einer eigenen Gruppe etwas aufzubauen.

Auch Theaterpädagogik kann ein spannendes Feld sein. Vor allem wenn dir pädagogisches Arbeiten und die Leitung von Gruppen liegen. Wie viel du dabei später selbst spielst, kannst du oft selbst beeinflussen. Es gibt diesen Studiengang an staatlichen Hochschulen und an einigen Privatschulen, die teilweise einen guten Ruf haben. Manche dieser Ausbildungen erfordern vorher ein verwandtes Bachelorstudium und nehmen gern auch etwas ältere Studienanfänger:innen.

Puppenspiel und Performance haben viele Überschneidungen mit Schauspiel.

Und es gibt Studiengänge, die sich auf Sprecher oder Sprecherziehung konzentrieren.

Wenn du gern schreibst, kannst du dich für ein Drehbuch-Studium oder Szenisches Schreiben bewerben.

Auch der Bereich Dramaturgie spielt an den Theatern eine große künstlerische und organisatorische Rolle.

Vielleicht suchst du dir ein Praktikum am Theater, um herauszufinden, ob es dort eine Position gibt, die für dich eine gute Alternative sein kann? Oder du gründest eine eigene Truppe, in der du verschiedene Arbeitsbereiche ausprobieren kannst?

Im Film- und Fernsehbereich gibt es eine Menge unterschiedliche Berufe, die häufig auch für Quereinsteiger:innen offenstehen. Wenn dich dieser Bereich interessiert, kannst du durch Praktika in verschiedene Bereiche der Produktion hineinschauen, um herauszufinden, was dir am meisten liegt. Finde heraus, ob du für diesen Bereich eine Ausbildung brauchst oder dich direkt in der Arbeit anlernen lassen kannst. Es gibt zum Beispiel Studiengänge für Filmproduktion und Kamera. Eine ausführliche Darstellung der Filmberufe findest du im Buch *Wie wird man was beim Film* von Martin Rohrbeck.

Auch der Agentur- und Casting-Bereich kann spannend sein für Schauspielbegeisterte und oftmals sind eigene Erfahrungen als Schauspieler:in dort ein großer Vorteil für die Arbeit. Du kannst versuchen, über ein Praktikum bei einer Schauspiel- oder einer Casting-Agentur einen Einblick zu bekommen. Für diese Bereiche gibt es in Deutschland keine geregelte Ausbildung, dort findest du also verschiedenste Quereinsteiger:innen.

Was nimmst du mit? Schauspielerfahrung und das normale Leben

Eine andere Frage, die du dir stellen solltest, falls du den Berufstraum vom Schauspiel hinter dir lässt, ist: Was hast du in dieser Zeit gelernt? Was nimmst du mit?

Wer sich ernsthaft mit Schauspiel beschäftigt und sich darin geübt hat, wird eine Menge über sich selbst erfahren haben. Außerdem hast du dich in körperlichem und stimmlichem Ausdruck geübt, du hast eine Präsenz entwickeln können, die dir auch bei anderen Gelegenheiten weiterhelfen kann.

Warum machst du nicht für dich selbst eine Liste mit Dingen, die du gelernt, Erfahrungen, die du gemacht und Menschen, die du kennengelernt hast? Mach dir bewusst, was du mitnimmst, dann fühlt sich diese Zeit im Rückblick vielleicht doch wie eine Bereicherung an. Auch die Klarheit, nun etwas anderes machen zu wollen, kommt aus deinen Erfahrungen mit den Vorsprechen. Und das Loslassen von Träumen, die dich nicht wirklich glücklich machen, kann sehr wichtig sein, um sich auf Neues einzulassen.

Theater als Hobby?

Wenn du einen anderen Beruf wählst, überleg dir, ob du deine Liebe zur Schauspielerei als Hobby weiterverfolgen willst. Es gibt keinen Grund, nicht zu spielen, nur weil man nicht Berufsschauspieler:in ist. Niemand würde sagen, dass man aufhören sollte, ein Instrument zu spielen oder zu singen, nur weil man das nicht zum Beruf macht. Beim Schauspiel gibt es eine Tendenz, diese Kunstform nur als Beschäftigung für Jugendliche anzusehen, wenn man sie nicht professionell betreibt. Lass dich davon nicht abschrecken!

Es kann schwierig sein, sich auf Laienspielgruppen einzulassen, wenn du eine Zeit lang beinahe professionell gespielt hast. Aber wenn das Spielen dir etwas gibt, such dir eine Gruppe, in der du spielen kannst – unter den Bedingungen, die es für dich genussvoll machen! Besonders, wenn dir das Spielen zwar gefällt, aber das »Drumherum« des Berufs deine Spielfreude erstickt. Dann erobere dir deine Spielfreude zurück und lebe sie dort aus, wo sie aufblühen kann! Schau dich um, welche Möglichkeiten deine Stadt zum Spielen für dich bietet. Und wenn du keine passende Möglichkeit findest, kannst du vielleicht selbst eine Truppe gründen oder eigene kleine Projekte verwirklichen. Hol dir so viel Theater oder Filmkunst in dein Leben, wie dir guttut. Kunst ist nicht nur für die Berufskünstler und Berufskünstlerinnen da!

Abschied

Ich hoffe, meine Ideen und Gedanken konnten für dich auf deiner »Vorsprechreise« hilfreich sein. Wenn mit der Zeit andere Themen oder Probleme in deiner Arbeit auftreten, nimm das Buch ruhig noch einmal zur Hand. Vielleicht entdeckst du später neue Hinweise, die dir weiterhelfen können.

Jetzt wünsche ich dir viel Glück, Erfolg und Freude auf deinem Weg. Vielleicht begegnen wir uns ja irgendwann an einem Film-Set oder auf einer Bühne? Ich würde mich freuen!

Danke für dein Vertrauen und toi, toi, toi!

Anhang

Improvisationsübung

Für die Improvisationsstunden, die ich mit meinen Schüler:innen mache, habe ich eine Art der Improvisation entwickelt, die simpel ist und genau die grundlegenden Fähigkeiten stärkt, die junge Schauspieler:innen für die Vorsprechen brauchen. Du kannst sie in deiner Theatergruppe oder mit Freund:innen ausprobieren.

Vor der Improvisation machen wir Übungen, um die Verbindung und Kommunikation miteinander zu stärken. Zum Beispiel: Die einen schließen die Augen und werden von ihrem Gegenüber durch den Raum geführt, anschließend wird gewechselt. Oder: Zwei Spieler:innen stehen sich gegenüber und spiegeln ihre Bewegungen. Oder: eine Unterhaltung, für die beide Spielpartner:innen nur ihre Hände benutzen. Oder wir arbeiten mit Contact Improvisation, einer Tanztechnik, die darauf beruht, dass sich zwei Partner:innen miteinander bewegen, indem sie immer einen Kontaktpunkt zwischen ihren Körpern aufrechterhalten.

Für die Improvisationsübung habe ich aus verschiedenen Stücken kurze Texte gesammelt, meist vier Zeilen, die einen klaren Konflikt beinhalten. Zum Beispiel:

A. »Bleib bei mir.« B: »Sei still.« A: »Komm zurück.« B: »Lass mich!«

Oder:

A: »Könntest du mich erschießen?« B: »Was ist denn das für 'ne Frage?« A: »Könntest du?« B: »Ich glaub' nicht.«

Oder:

A: »Nein.« B: »Warum nicht?« A: »Ich will das nicht.« B: »Klar willst du!«

Die Spieler:innen bekommen Rolle A oder B und benutzen für die gesamte Improvisation nur diese Sätze. Keine Veränderungen, keine Hinzufügungen. Sie begeben sich auf die Bühne, suchen sich einen Startpunkt und beginnen, die Texte zu sprechen, wieder und wieder. Es geht nicht darum, eine Szene zu spielen, sondern nur darum, die Sätze zu sprechen und aufeinander zu reagieren. Die Texte dürfen unterschiedlich genutzt werden, es gibt keine richtige oder falsche Art, deinen Satz zu sagen. Die Szene ist nicht nach einem Durchgang zu Ende, die Improvisation geht immer weiter, während sich die Texte wiederholen. Ideen und Momente reihen sich aneinander und ergeben sich auseinander. Wichtig ist mir, die Improvisation so lange laufen zu lassen, bis die ersten Ideen verbraucht sind und die kurze Flaute, die meist folgt, durchgestanden ist, denn oft wird es danach erst richtig interessant. Ein Durchgang kann locker 20 bis 30 Minuten dauern.

Übt dabei, nicht ständig von einer Idee zur nächsten zu springen, gebt den Impulsen Gelegenheit, sich zu entwickeln, zu verstärken und zu verändern. Weicht nicht aus, wenn es intensiver wird. Trainiert euch darin, unbequeme Momente auszuhalten. Macht bei Konflikten nicht zu schnell einen Rückzieher, um Harmonie herzustellen. Das zeigt sich oft auch körperlich als Zurückweichen. Außerdem geben dir diese Improvisationen Gelegenheit, deine eigenen Schwierigkeiten beim Spielen anzugehen. Wenn du weißt, dass du auf der Bühne oft zu nett bist oder bei Traurigkeit immer in Aggression kippst, such nach Momenten, in denen du andere Verhaltensweisen trainieren kannst.

Aber vor allem: Hab Spaß! Diese Übung kann sehr hilfreich sein, um deine Spielfreude zu wecken und am Leben zu halten. Und das ist wichtig – für dich und für die Aufnahmeprüfungen.

Beispiele für mögliche Vorsprechszenen

Antigone aus *Antigone* von Jean Anouilh
Zoe Mill aus *Ab jetzt* von Alan Ayckbourn
Pam aus *Gerettet* von Edward Bond
Das Kuhmädchen aus *Herr Puntila und sein Knecht Matti* von Bertolt Brecht
Kein Denkmal für Gudrun Ensslin. Rede gegen die Wände der Stammheimer Zelle. Aus: *Wenn du geredet hättest, Desdemona. Ungehaltene Reden ungehaltener Frauen* von Christine Brückner
Leonce aus *Leonce und Lena* von Georg Büchner
Barblin aus *Andorra* von Max Frisch
Agafia aus *Die Heirat* von Nikolai Gogol
Mirandolina aus *Mirandolina* von Carlo Goldoni
Bruno aus *Die Ratten* von Gerhart Hauptmann
Franziska Wermelskirch aus *Fuhrmann Henschel* von Gerhart Hauptmann

Finnisch, Monolog von Martin Heckmanns
Elisabeth aus *Glaube, Liebe, Hoffnung* von Ödön von Horvath
Doris aus *Das kunstseidene Mädchen* von Irmgard Keun
Sosias aus *Amphitryon* von Heinrich von Kleist
Medearedux aus *Bash* von Neil LaBute
Liese aus *Der Hofmeister* von Jakob Michael Reinhold Lenz
Elektra aus *Die Fliegen* von Jean Paul Sartre
Julia aus *Romeo und Julia* von William Shakespeare (»Hinab, du flammenhufiges Gespann!«)
Johanna aus *Die heilige Johanna* von George Bernard Shaw
Tonka aus *Jagdszenen in Niederbayern* von Martin Sperr
Lotte aus *Jubiläum* von George Tabori
Kostja aus *Die Möwe* von Anton Tschechow
Die Lottchen-Texte von Kurt Tucholsky
Ilse und Moritz aus *Frühlingserwachen* von Frank Wedekind
Monologe von: Dario Fo und Franca Rame, Jane Martin

Hilfreiche Bücher für die Vorsprechzeit

Vorsprechmonologe

Sämtliche Monologbücher im Henschel Verlag Leipzig:

55 Monologe für Frauen. Zum Vorsprechen, Studieren und Kennenlernen, herausgegeben von Anke Roeder (2006)
55 Monologe für Männer. Zum Vorsprechen, Studieren und Kennenlernen, herausgegeben von Anke Roeder (2007)
55 komische Monologe. Zum Vorsprechen, Studieren und Kennenlernen, herausgegeben von Josef Bairlein (2015)
55 tragische Monologe. Zum Vorsprechen, Studieren und Kennenlernen, herausgegeben von Josef Bairlein (2010)
55 zornige Monologe. Zum Vorsprechen, Studieren und Kennenlernen, herausgegeben von Helmut Postel (2009)
55 Monologe der Liebe, Lust und Leidenschaft. Zum Vorsprechen, Studieren und Kennenlernen, herausgegeben von Sabine Bayerl und Georg Kehren (2009)
101 Monologe. Zum Vorsprechen, Studieren und Kennenlernen, herausgegeben von Eva Spambalg und Uwe Berend (2010)

101 moderne Monologe. Zum Vorsprechen, Studieren und Kennenlernen, herausgegeben von Eva Spambalg und Uwe Berend (2005)

55 Monologe des 21. Jahrhunderts. Zum Vorsprechen, Studieren und Kennenlernen, herausgegeben von Sabine Beyerl und Boris von Poser (2018)

Die schönsten Monologe der Weltliteratur. Von Aischylos bis Juli Zeh, herausgegeben von Bernd Kolf (2016)

33 Monologe aus Romanen. Zum Vorsprechen, Studieren und Kennenlernen, herausgegeben von Sabine Bayerl und Hermann Beil (2014)

Texte für Vorsprechen und Acting-Training. 110 Solo- und Duoszenen des 20. Jahrhunderts. Von Wedekind bis Fosse und

Neue Texte für Vorsprechen und Acting-Training 2, 110 Solo und Duo-Szenen des 20. Jahrhunderts, beide Bücher herausgegeben von Wolfgang Wermelskirch (Berlin: Alexander Verlag, 2004 und 2008)

Aktuelle Theatertexte

Theater heute und *Theater der Zeit* drucken in jeder Ausgabe ein neues Stück ab.

Lieder

33 Lieder für Schauspieler. Zum Vorsprechen, Studieren und Kennenlernen, herausgegeben von Frank Raschke (Leipzig: Henschel Verlag, 2013)

Das große Brecht-Liederbuch. Herausgegeben und kommentiert von Fritz Hennenberg. Musik von Bertolt Brecht, Franz S. Bruinier, Kurt Weill, Hanns Eisler, Paul Dessau, Rudolf Wagner-Régeny und Kurt Schwaen. 3 Bände (Frankfurt/M.: Suhrkamp Verlag, 1985)

Fundgruben für geeignete Lieder sind auch das Repertoire von: Tim Fischer, Marlene Dietrich, Zarah Leander, Hildegard Knef und anderen Chansonsänger:innen.

Genauso möglich sind Liedermacher, Schlager und Deutschrock, zum Beispiel Udo Jürgens, Wencke Myhre, Nina Hagen, Karat,

Element of Crime, Juli, Die Ärzte, Bodo Wartke, Hannes Wader, Annenmaykantereit und andere.

Gute Bücher übers Schauspielen

Richtig und Falsch. Kleines Ketzerbrevier samt Common sense für Schauspieler von David Mamet (Berlin: Alexander Verlag, 2003). Für amerikanische Schauspieler:innen geschrieben, die nach Method Acting arbeiten, aber auch für uns sehr erhellend.

Schauspielerführung in Film und Fernsehen von Judith Weston (Frankfurt/M.: Verlag Zweitausendeins, 2. Aufl. 2002). Für Regisseur:innen geschrieben, aber auch interessant für Schauspieler:innen. (Dieses Buch ist vergriffen und wird nicht mehr verkauft. Du kannst es antiquarisch oder in Bibliotheken bekommen.)

Der unsichtbare Schauspieler von Yoshi Oida mit Lorna Marshall (Berlin: Alexander Verlag, 3. Aufl. 2005). Eine interessante Perspektive, die beeinflusst ist von einer sehr anderen Theatertradition.

Improvisation und Theater und

Theaterspiele. Spontaneität, Improvisation und Theatersport von Keith Johnstone (Berlin: Alexander Verlag, 11. Aufl. 2018). Mit Übungen und Gedanken zum angstfreien Lernen und Spielen.

Zum Üben mutiger Kreativität

Mach Mist! Kleines Handbuch für großes Chaos und

Mach dieses Buch fertig von Keri Smith (München: Verlag Antje Kunstmann, 2012 und 2013)

Alles nur geklaut. 10 Wege zum kreativen Durchbruch (Steal like an artist) (München: Mosaik-Goldmann Verlag, 2. Aufl. 2013),

Show your work!: 10 Wege, um auf sich aufmerksam zu machen (München: Mosaik Verlag 2016) und

Gib nicht auf!: 10 Wege für mehr Kreativität an guten und schlechten Tagen (München: Mosaik Verlag, 2020) von Austin Kleon

Über Kreativität, Fehler und Scham

TED-Talk: *Why your critics are not the ones who count* von Brené Brown

Verletzlichkeit macht stark: Wie wir unsere Schutzmechanismen aufgeben und innerlich reich werden von Brené Brown (München: Goldmann Verlag, 2017)

Überblick zum Beruf

Überleben im Darstellerdschungel. Wegweiser für freischaffende SchauspielerInnen von Mathias Kopetzki (Marburg: Schüren Verlag, 2020)

Traumberuf Schauspieler, herausgegeben von Ulrike Boldt (Leipzig: Henschel Verlag, 6., vollständig überarbeitete und aktualisierte Neuauflage 2023)

Andere Berufe im Filmbereich

Wie wird man was beim Film, Berufsbilder, Abläufe, Praxisbeispiele von Martin Rohrbeck (Leipzig: Henschel Verlag, 2008)

Grundlagenübungen für Theatergruppen

Schauspieltraining von Stephan Richter (Leipzig: Henschel Verlag, 2018)

Wenn du deine Stimme trainieren willst

Sprechtraining für Schauspieler: Ein Übungsprogramm für Körper, Stimme und Gehör von Barbara Maria Bernhard (Leipzig: Henschel Verlag, 2014). Die Übungstracks sind als Mp3-Download über die Internetseite des Verlags verfügbar.

Wissenschaftlicher Hintergrund zu Emotionen und Gefühlen

Die Glücksformel oder Wie die guten Gefühle entstehen von Stefan Klein (Frankfurt/M.: S. Fischer Verlag, 2014)

Filmische Einblicke in den Ablauf der Aufnahmeprüfungen

Die Prüfung, Regie: Till Harms, 2014. Der Dokumentarfilm beobachtet das Auswahlverfahren an der Schauspielschule Hannover aus der Sicht der Prüfungskommission, von der ersten Runde bis hin zur finalen Entscheidung.

Die Spielwütigen, Regie: Andreas Veiel, 2004. Der Dokumentarfilm begleitet vier Schauspielschüler:innen der Hochschule für Schauspielkunst Ernst Busch während ihres gesamten Studiums.

Kleine Haie, Regie: Sönke Wortmann, 1992. Spielfilm über drei junge Männer und ihre »Vorsprechreise«.

Hilfreiche Internetadressen

Listen der staatlichen Schauspielschulen im deutschsprachigen Raum

https://de.wikipedia.org/wiki/Schauspielschule
https://www.casting-network.de/Offener-Bereich/Ausbildung/Staatliche_Schauspielschulen/

Agenturen

ZAV-Künstlervermittlung der Bundesagentur für Arbeit
https://zav.arbeitsagentur.de/

Verband der Agenturen für Film, Fernsehen und Theater
https://verband-der-agenturen.de/

Casting-Network
https://www.casting-network.de/ (Informationen über Agenturen, Caster:innen und Jobangebote)
https://www.casting-network.de/Premium-Bereich/Casting_Directors/Deutschsprachige_Casting_Directors/ (nur mit kostenpflichtigem Premium-Zugang)
https://www.casting-network.de/Premium-Bereich/Agenturen/Schauspieleragenturen/ (nur mit kostenpflichtigem Premium-Zugang)

Casting

Bundesverband für Casting e. V.
https://castingverband.de/ (Unter Mitglieder findest du eine Liste der Caster:innen.)

Schauspielervideos
https://www.schauspielervideos.de/

Filmmakers
https://filmmakers.de/

Castforward
https://www.castforward.de/

Castupload
https://www.castupload.com/

Spotlight – englischsprachiges Casting-Portal für internationale Produktionen
https://www.spotlight.com/

Crew united – Netzwerk für Filmschaffende
https://www.crew-united.com/

Initiativen im Theater- und Filmbereich

Bundesverband Schauspiel e.V. (BFFS) – Interessenvertretung für Film- und Fernsehschauspieler:innen
https://www.bffs.de/ (Unter »Service für Mitglieder« findest du Casting-Agenturen.)

Themis – Vertrauensstelle gegen sexuelle Belästigung und Gewalt e. V.
https://themis-vertrauensstelle.de/
E-Mail: beratung@themis-vertrauensstelle.de

ensemble-netzwerk – eine Art Gewerkschaft für Theaterschauspieler:innen
https://ensemble-netzwerk.de/enw/

pro quote film – Initiative für mehr Geschlechtergerechtigkeit im Film- und TV-Bereich
https://proquote-film.de/

pro quote bühne – Initiative für mehr Geschlechtergerechtigkeit im Theaterbereich
https://www.proquote-buehne.de/

Pa:tin – Netzwerk für trans, inter und nichtbinäre Menschen aus dem Performing Arts-Bereich
http://www.pa-tin.com/

Danke! Danke! Danke!

Ich möchte all meinen Schauspiellehrer:innen und Schauspielschüler:innen danken, allen Kolleg:innen, mit denen ich gespielt habe, allen Regisseur:innen, die mit mir gearbeitet haben, allen Theater- und Filmmenschen, mit denen ich arbeiten durfte! Danke für euer Vertrauen, danke für die Erfahrungen, die ich mit euch allen machen durfte. Danke für alles, was ich von und mit euch lernen konnte!

Über die Autorin

Mit neun Jahren habe ich den Entschluss gefasst, Schauspielerin zu werden. In der Schule spielte ich Schultheater und in meiner Freizeit tobte ich mich in freien Theatergruppen aus. Nach dem Abitur war ich mir immer noch sicher, dass dieser Weg der richtige für mich ist. Doch dafür stand mir zuerst eine schwierige Aufgabe bevor: Die Aufnahmeprüfungen an den Schauspielschulen waren ein langwieriger Prozess – mal lief es gut, an anderen Tagen stand ich mir selbst im Weg. Ich probte lange Zeit allein, denn ich fand niemanden, der mir helfen konnte, wirkliche Sicherheit zu gewinnen. Als ich endlich eine Lehrerin fand, die meine Schwierigkeiten erkannte und mir half, sie zu lösen, liefen die Vorsprechen wesentlich besser und nach einigen Prüfungen bekam ich einen Studienplatz an der Universität der Künste Berlin. Aus dieser Zeit stammen meine Faszination für Vorsprechen und meine Lust am Unterrichten.

Nach dem Studium habe ich an großen Bühnen wie dem Schauspiel Stuttgart und dem HAU Berlin, in freien Theaterprojekten und vor der Kamera gespielt – unter anderem in *Dark, Babylon Berlin*, dem *Tatort, Polizeiruf* und weiteren Netflix- und TV-Filmen. Nebenbei trete ich als Sängerin auf. Ich mag die Abwechslung und bin dankbar für die vielen unterschiedlichen Erfahrungen, die mir mein Beruf ermöglicht.

Seit mehr als 15 Jahren gebe ich Schauspielunterricht und habe viele junge Menschen auf ihrer »Vorsprechreise« begleitet. Ich erarbeite mit ihnen Szenen für die Vorsprechen, unterstütze sie darin, ihr Bestes zu zeigen und bestärke sie darin, genau das zu tun, was für sie stimmig ist. Viele von ihnen sind mittlerweile Schauspieler:innen oder studieren an den Schauspielschulen. Außerdem habe ich 2021 zum ersten Mal als Dozentin an der UdK mit einer Studentin eine Szene für das Absolventenvorsprechen vorbereitet. Es ist eine wunderbare Arbeit, anderen zu helfen, selbstbewusst, frei und authentisch zu spielen.

www.miekeschymura.de
www.schauspielunterrichtberlin.de